BANKO

archive design museum

知られざる萬古焼の世界

創意工夫から生まれたオリジナリティ

内田鋼一

BANKO

archive design museum

はじめに

明治期より三重県四日市市の地場産業として発展し、1979年には伝統工芸品の指定を受けた「四日市萬古焼」。萬古を代表するやきもののひとつである紫泥の急須は、自然の鉄分を多く含むため、緑茶を味わうには最高だと言われています。

北大路魯山人が主催した「星岡茶寮」の支配人・秦秀雄も、萬古焼の急須に惚れ込んだひとりです。秦は『民陶』（1976年発行）に、「この今日陶芸一般が堕落して座辺常用の佳品皆無とさへ言はるる時に、はからず遭遇した至妙の佳品急須であった」と寄せています。このように、萬古焼はこれまで一部では認められてきましたが、残念ながら現在は一般にあまり知られていません。

萬古焼の発展には地理的な要因が大きく影響しています。東海道沿線にあり、交通の便に優れた四日市は、お伊勢参りで知られる桑名宿の次の宿場町として、文化や流通が発達しました。ただ、そのまわりには、瀬戸・美濃・常滑・信楽・京都などの大きな窯場地があり、やきものに適した土の採取も困難なため、決して恵まれた環境ではありませんでした。

しかしだからこそ、ほかの窯業地にはない、新技術の開発や、造形やデザイン性、海外メーカーとの流通の開拓など、多くの創意工夫をすることで、独自のオリジナリティを生み出してきました。特に、どこかキッチュな魅力があふれる、産業から生まれた萬古焼は、現代に生きる私たちの暮らしや感性に訴えかけてきます。

古萬古　青釉和蘭字文鉢
口径220ø×h106mm
パラミタミュージアム蔵

古萬古、有節萬古など古いものは、近隣の美術館や博物館の展示から学ぶことができますが、明治以降の産業のやきものを知ることのできる場所はありません。また、ほかのやきものの産地には、やきものを知る上での資料館や専門文化施設が大抵あるのですが、四日市にはないのです。そして、四日市の産地では、地場産業として発展した明治～昭和のやきものに関わってきた人、伝える人が少なくなり、つくられたものも減り、このまま消えていってしまうのではという危機感がありました。そこで、2015年秋、四日市市に、明治～昭和時代の産業から生まれたデザイン性の高い萬古焼を中心にアーカイブする「BANKO archive design museum」を、1954年に建設された萬古工業会館の1階に開館することにしました。

その公式書籍であるこの本では、ミュージアムでも展示予定の、昭和初期からの統制陶器や代用陶器、萬古焼の特徴のひとつである多様な色彩の陶器や、海外向けにつくられた陶器の紹介。そして、萬古焼を支えたキーパーソンである、秦秀雄や日根野作三の仕事や、さまざまな関係者との対談などを収録し、多角的に萬古焼を紐解いていきます。

内田鋼一

うちだ・こういち
陶芸家。1969年愛知県生まれ。愛知県立瀬戸窯業高等学校陶芸専攻科修了後、東南アジアや欧米、アフリカ、南米など世界各国の窯場に住み込み修行を重ねた後、92年三重県四日市市に窯場を構え独立。国内外で精力的に発表。著書に、作品集『UCHIDA KOICHI』（求龍堂）、『MADE IN JAPAN』（アノニマスタジオ）がある。2015年11月、三重県四日市市に、明治～昭和時代の萬古焼を集めた「BANKO archive design museum」を開館予定。

萬古焼とは何か

1 地理的条件

江戸時代に始まった萬古焼だが、その土地のまわりには、瀬戸・美濃・常滑・信楽・京都など有名な窯場が多くあり、やきものに適した土も少ないなど、決して恵まれた環境ではなかった。そんな場所で、なぜ萬古焼はいくつもの変化を遂げながらも残ってこられたのか。地理的な条件と萬古焼のたどった歴史を振り返り、検証する。

イラスト　後藤美月

1601(慶長6)年
「東海道」が誕生。桑名と四日市に宿が設置
徳川家康が「五街道整備」を行い、東海道を含む5つの街道と「宿《しゅく》」を制定。東海道は江戸・日本橋から京・三条大橋まで道が整備され、伊勢の桑名と四日市にも宿が設けられた。
桑名は松平氏が藩主を務めた桑名藩の城下町で、伊勢参りの玄関口として、江戸時代後期には東海道で2番目の旅籠屋数でにぎわった。四日市は江戸時代、幕府直轄の天領であったため代官所が置かれ、街道の宿駅として旅人も多かった。また、農産物や海産物が集まる市場町でもあり、伊勢湾には有数の良港があって船の出入りも盛んだった

1736→40(元文年間)年
沼波弄山が小向村に開窯(萬古焼の誕生)

1832(天保3)年
森有節、千秋が小向村に開窯(有節萬古)

1853(嘉永6)年
山中忠左衛門が阿倉川に開窯(四日市萬古の始まり)

1870(明治3)年
四日市~東京間に蒸気船の定期航路が開通
汽船航路の開通は四日市の交通に一大変革を起こし、商工業が急速に発展した。港町四日市の名が全国に知られるようになると、各地から往来する旅人や荷物の通過でにぎわった

1871(明治4)年　堀友直が四日市三ツ谷に開窯

1872(明治5)年　安濃津県の庁舎が津より四日市に移転して県庁所在地になる。三重県に県名を変更(明治6(1873)年に県庁が津に戻る)

1873(明治6)年　稲葉三右衛門による四日市港の整備が開始

1875(明治8)年　川村又助が萬古陶器問屋を開業

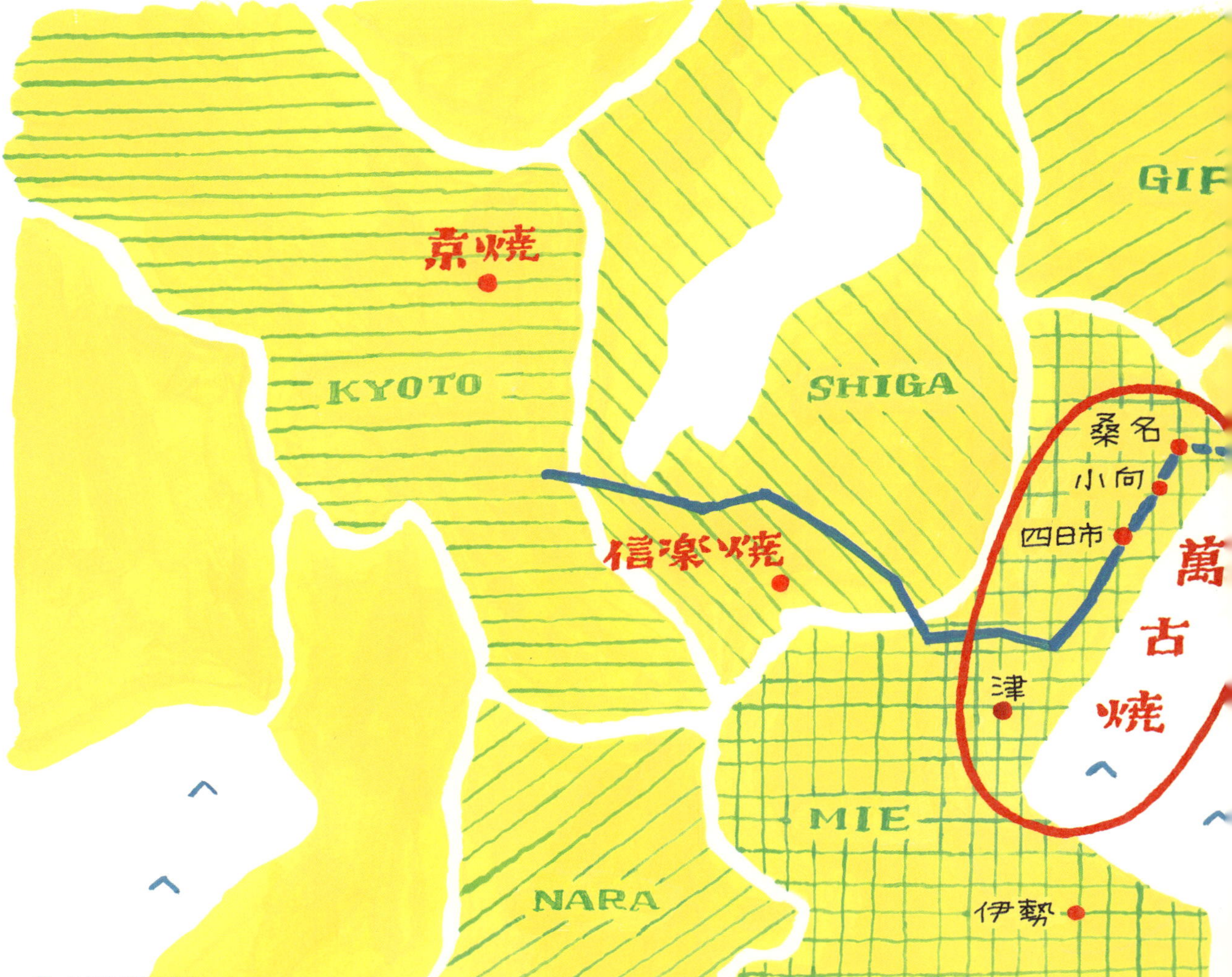

■ 萬古焼に関わる事項
■ 産地の交通・流通に関わる事項

1884（明治17）年　四日市港が完成

1890（明治23）年　関西鉄道が四日市～拓植間を開通

1895（明治28）年　関西鉄道が草津～名古屋間を全通 四日市・桑名から名古屋へ、陸上移動が可能になった

1899（明治32）年　四日市港が開港場に指定され、国際貿易港に

1901（明治34）年　水谷寅次郎が四日市鳥居町に開窯

1911（明治44）年　水谷寅次郎が大正焼を完成

1919（大正8）年　川村組が硬質陶器タイルの生産開始

1927（昭和2）年　山本増次郎が硬質陶器を完成

1931（昭和6）年　萬古陶磁器工業組合を設立

1932（昭和7）年　豪州定期航路が寄港。羊毛の輸入が始まる

1933（昭和8）年　日本陶磁器工業組合連合会が、製品の生産と販売を統制し始める（統制陶器）

1936（昭和11）年　国産振興四日市大博覧会を開催

1938（昭和13）年　関西急行電鉄（現近鉄）が、名古屋～四日市・桑名～大阪間を開通

1952（昭和27）年　四日市港が特定重要港湾に指定される

1959（昭和34）年　大規模な第1石油化学コンビナート（塩浜地区）が稼動開始

1968（昭和43）年　四日市港とシドニー港が、姉妹港提携調印

1979（昭和54）年　四日市萬古焼が伝統的工芸品として指定される

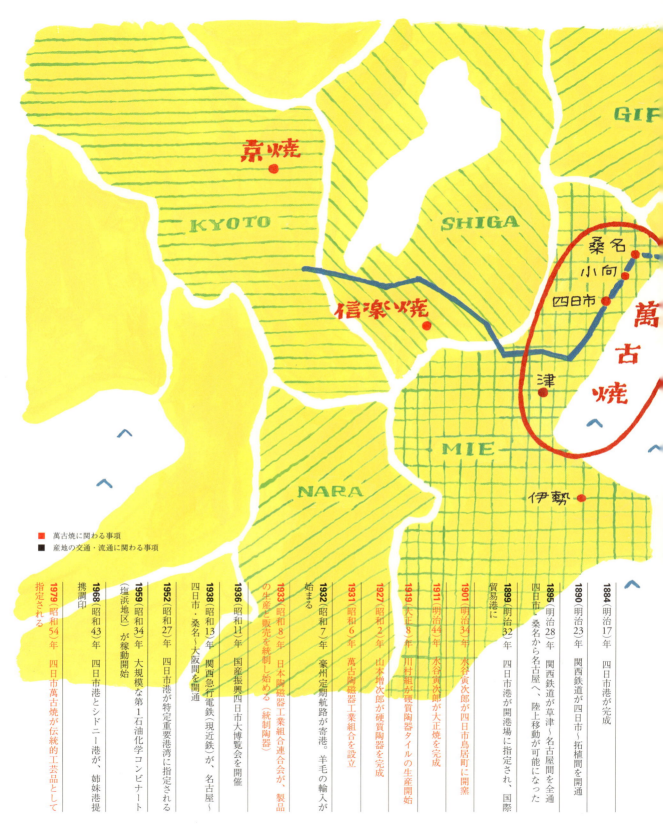

2 萬古焼の歩み

◉古萬古 元文年間（1736～40）～

色絵窓山水文仙盞瓶

色絵窓山水花鳥文仙盞瓶

赤絵

古萬古は上絵付けによる赤絵ものに特色を発揮したが、その中でも代表的なのが仙盞瓶《せんさんびん》だ。中国明代のオリエント風の水注（仙盞瓶）を参考につくられた。当時珍重された更紗文様や山水文が描かれ、蓋の摘みは獅子が象られるなど、異国情緒にあふれている

萬古焼の始まり　**古萬古**

萬古焼は、江戸時代中期に、桑名で陶器専属の問屋を営んでいた豪商・沼波家《ぬなみけ》の沼波弄山《ぬなみろうざん》（1718～77）が、茶趣味が嵩じて、朝日町小向《おぶけ》に萬古焼を開窯したのが始まり。萬古焼は、沼波家の屋号の萬古屋から命名した。「萬古」「萬古不易《ばんこふえき》」の名は、いつの世までも栄える優れたやきものという意味。弄山は、幼い頃から茶道に精進した茶人で、色絵を中心とした抹茶趣味の優雅な作品をつくり出した。これを古萬古と呼び、やきものには「萬古」「萬古不易」の印を押した。

当初は、茶陶の巧みな写しをつくっていたが、享保5年（1720）八代将軍徳川吉宗による洋書解禁の令によって、西欧の文物が少しずつ紹介されるようになると、知識人だった弄山は新しいものに魅せられ、その影響はやきものにも表れてくる。その大きな特徴は、異国風の斬新な文様や形である。シノワズリを感じさせる赤絵の盛盞瓶《せいさんぴん》や、オランダ語やオランダの銅版画を文様としてあしらったもの、支那山水や龍・麒麟など想像上の動物の図柄、更紗文様（外国の染物の柄）など、ほかにはない異国趣味のやきものは、当時鎖国下にあった日本の知識人に、大いに人気を集めた。

その人気が加熱し、将軍家からの注文を受けるようになると、宝歴年間（1751～

藍絵ライオン文水指

青釉窓山水文徳利

オランダ文・異国趣味

当時、蘭学《らんがく》が国内に入ってきた影響から、弄山はオランダの風物を描いた作品も制作した。この水指に描かれたライオンは、ヨンストン『動物図鑑』より引用されており、本体に書かれたオランダ語は、それぞれ意味のあることわざの一文が入っている

青磁×赤絵

中国の青磁を思わせる青釉の中に、赤絵で描いたふたつの窓。そこに山水を施した徳利。ひとつのやきものの中に、ふたつの様式を組み合わせるのも古萬古の特徴だ。弄山は中国の陶磁写しを行いながら、さまざまな要素を組み合わせることで、独自の表現へと昇華させた

63）江戸・向島小梅の地に窯を設けた。これを江戸萬古という。また、安永・天明の頃（1772～88）古萬古の陶工が津藤堂藩に招かれ、津の渋見山に窯を築く。これを古安東《こあんとう》という。その後、弄山が亡くなると、徐々に窯は廃れていった。

萬古焼の再興　**有節萬古**

天保3（1832）年、弄山が亡くなってから30年あまり経った後、桑名にあった古物商、森有節《もりゆうせつ》（1808～82）と弟の千秋《せんしゅう》（1816～64）が、萬古焼を再興するため、古萬古発祥の地である朝日町小向で窯を開く（有節萬古）。森兄弟は造形的才能に秀でており研究熱心でもあったため、さまざまな新技法を生み出していく。当初は古萬古の作風を再現したやきものをつくっていたが、しだいに時代を先取りするような独自の表現をいくつも生み出し、大変な人気を集め業績を上げていった。

古萬古の時代には抹茶趣味が盛んであったが、この頃は文人趣味による煎茶趣味が流行しつつあった。そこで有節は、煎茶急須づくりを研究し、木型による急須を考案する。型を使うため非常に薄づくりで、内部に龍の陰刻がされた急須などは大変珍しがられた。そして幕末期において西欧の風が入ってくるなか、外国憧憬より国粋を尊ぶ国学が盛んになると、桑名にいた帆山唯念《ほやまゆいねん》

◉有節萬古　天保3（1832）年～

木型急須

色絵秋草花文急須

提灯づくりの木枠からヒントを得て、有節が考案した木型でつくった急須。盛絵で、菊などの秋の草花を艶やかな粉彩絵具で描いてある。内面には龍文が施され、取手の遊環《ゆうかん》の飾りや回転する舞摘みの蓋など、趣向を凝らし制作されている

に復古大和絵を学ぶ。復古大和絵の草花の絵を華麗な粉彩釉で描いたやきものは、西洋人の眼も奪い高く評価される。そのほか、有節によるピンク色の腥臙脂釉《しょうえんじゆう》の発明は、当時大いに賞賛された。こうして有節の功績は広く知れ渡り、1867年には国産陶器取締役掛を命じられる。明治に入ると、パリ万博や内国勧業博覧会、京都博覧会などへ作品を出品し、国内で多くの賞を受け、高く評価された。

その頃、桑名周辺では、有節萬古に似た品が盛んにつくられるようになる。これを桑名萬古という。きっかけは佐藤久米造が有節考案の木型のからくりを知ったところから始まる。天保10（1840）年に窯を開くと、彼の窯場で技術を学び、開業する弟子たちも多く集まった。それらは東海道の土産として東海道の旅人に売り出されていたが、明治維新後にいち早く開港した四日市に、交通や商業の中心が移るとともに、明治末にはほとんどが四日市萬古に吸収されていった。

産業のやきものとして
四日市萬古～現代

四日市市末永の大地主で村役であった山中忠左衛門（1821～78）は、有節萬古の人気に注目し、四日市の地場産業として窯業を興したいと、嘉永6年（1853）に邸

腥《しょう》臙《えん》脂《じ》釉《ゆう》

ピンク色の腥臙脂釉は、少量の金が原料として使われ、有節萬古で多用されている。この釉薬は有節が発明し、日本では初めて使用された。この菓子器では濃いピンクの腥臙脂釉が全体に用いられ、中央に大きく鳳凰とそのまわりに雲文や渦巻文、更紗文などが描かれている

腥臙脂釉蓋菓子器

青磁

有節萬古の青釉は、古萬古に比べて緑がかっており不透明で、中国青磁とは印象がまったく異なる。そして、ほかの色釉と組み合わせて使われることが多い。この皿は、幾何学的な丸文を描いたグラフィカルなデザイン

青釉丸文皿

内に窯を築く。これが四日市萬古の始まりである。すぐに有節萬古の研究に没頭するがうまくいかず、有節萬古が窯を開く前の文政12年（1829年）に四日市に始まった、信楽焼風の雑器をつくる東阿倉川の海蔵庵窯《かいぞうあんがま》で手ほどきを受けた。忠左衛門は慈善家として知られており、萬古焼の開窯の理由も、水害による地区困民の救済にあった。そのため、民に呼びかけ道具と陶土を与えて指導し、苦労して会得した陶法を一般に公開した。すると、新たに開業する者が増え、その中から腕のいい名工が生まれ、明治6年（1873）には量産体制を確立する。

四日市に根を下ろした萬古焼はその後、堀友直、川村又助らの尽力によって、国内外に販路を広げ、地場産業として定着していく。全国をまわり商売をしていた薬種商・川村又助は、明治8年（1875）に萬古問屋を創業すると商才を発揮し、横浜や神戸で海外市場の調査を行い海外輸出への足がかりをつくる。そして堀友直は、横浜に支店を設け、海外向け製品の考案を行い、外国人が珍しがる日本の風物をデザインした土瓶などを売り出し反響を得た。四日市に萬古焼の業者が増えていくと、業者間による不当取引などが起こったため、明治18（1885）年、川村又助、堀友直らは萬古陶器商工組合を発足し、研究会や品評会を行うなど萬古焼の進歩を促した。そして明治17（1884）年の四日市港の開港、明治23

◉四日市萬古 嘉永6（1853）年〜

色絵魚尽土瓶

ろくろづくり赤土急須

輸出向け土瓶

諸外国の嗜好や流行などを調査し、それを取り入れた輸出向けの土瓶が数多くつくられた。鯛、海老、エイ、サザエなどの魚介類がひしめきあったデザインは少々グロテスクでもある。しかし、ここまで際立った土瓶はほかの陶器にはなく、萬古焼のユニークさが伝わる

ろくろづくり赤土急須

明治時代中頃、それまで主に使用してきた、鉄分が少なく粘度が高い白土が枯渇したことにより、鉄分の多い地元の赤土による、ろくろ引きの急須が生まれてきた。紫《し》泥《でい》急須と呼ばれ、釉薬を掛けていないため、使うほどに味わいが増す

（1890）年の関西鉄道の開通によって、販路は大きく広がっていった。

こうして商工業として活気づいた四日市萬古焼だったが、明治時代中期になると停滞していく。それは、材料の白土が枯渇したためだった。そこで赤土を用いたろくろ引きの紫泥急須を生み出すと、その生産が主流となる。また、明治44（1911）年に水谷寅次郎が、瀬戸・美濃の磁器に対向する新商品として、イギリスの硬質陶器を手本とした、黄濁色陶器の大正焼（半磁器の一種）の開発に成功する。そして、その普及発展に伴い、機械ろくろ、石膏型鋳込みなどを用いて大量生産を行うと、生産高は急速に伸びた。寅次郎は、大正焼の技術を一般に公開するなど、四日市の窯業の発展に尽力した。またその一方で、大正〜昭和の初年には、個人で作陶する独立した陶芸家が現われる。

大正焼により業界に活況が戻ると、大正8（1919）年に川村組が硬質陶器タイルの生産を始める。さらに昭和2（1927）年に山本増次郎（山庄製陶所）が、高級な本格的硬質陶器の生産を開始すると、四日市の窯業は爆発的に増産となり、四日市港の輸出額は格段にアップする。しかし、昭和初期に世界的な不況で輸出が不振となり、輸出陶器の販売不振による乱売や粗悪品の生産など業界が混乱したため、日本陶磁器工業組合連合会が設立。製品の生産と販売

松岡製陶所　スイーツパレットブラウン、
テラ・ブラウン

ストーンウエア

1970年代に、北欧のテーブルウェアとして広く普及しているストーンウエアに取り組んだ松岡製陶所。オリジナルの釉薬や焼成方法など試行錯誤するうち、ほかでは見ることができない、鮮やかな色彩と光沢感が美しい食器類を生み出した

大正焼花鳥文大花瓶

大正焼

大正焼は、薄い黄濁色が特徴の半磁器の一種。磁器とは違う質感が受け入れられ、大変な人気を集めた。釉下に色絵を施して低下度で焼成するのだが、製造工程がわかりやすくコストも低いため、大正～昭和時代に大量につくられた

キューピー人形

ノベルティ

大正から昭和にかけて、動物などをモチーフにした輸出向けの安い玩具や置物、ノベルティ製品の生産が増えていった。時代を下ると繊細さがなくなり、大胆な色づかいのキッチュなものが多くなる

を統制することになった（統制陶器）。そして昭和12(1937)年から日中戦争始まると、軍需品の耐火煉瓦の製造を行うようになる。次第に民間物資が足りなくなり、配給の石炭も途絶えると、金属代用品として鍋釜、ガスバーナーなどを陶磁器で生産した（代用陶器）。

　戦後、すぐに生産を再開したのは、萬古急須と花器類だった。輸出品は、国際関係上の制約を受けて伸び悩んでいたが、アメリカ向けの製品は少しずつ回復してくる。昭和23（1948）年には白雲陶器の大量生産に成功し、輸出を始める。そして四日市研究所がボーンチャイナの製品化に成功すると、萬古焼はより発展していく。そして、大正焼の系統の生活陶器を中心としつつも、安い玩具や置物、ノベルティ製品の生産が伸張していった。昭和30（1955）年には、輸出が生産額の85％を占めるようになるが、昭和60（1985）年に急激な円高となって以降は、土鍋、急須、皿鉢など国内市場向けの製品へと変化した。そんななか、昭和54（1979）年に茶器を主とした「四日市萬古焼」が伝統工芸品に指定される。その一方で、松岡製陶所のストーンウエアが国際的にも評価されるなど、新しい製品開発も行われた。こうして江戸時代から始まった萬古焼は、270年以上の時を経てさまざまに変化しながら、現在も四日市の地場産業として生産を続けている。

昭和初期、四日市萬古焼の製陶工場の遠望

目次

はじめに……4

萬古焼とは何か……6

1 地理的条件

2 萬古焼の歩み

PART1 CATALOG **萬古焼の世界**……18

統制陶器・代用陶器……21

カラーバリエーション……89

海外向け陶器……135

道具類……141

[対談] 統制陶器・代用陶器にみられる萬古焼……82

舟橋健（蒐集家）×内田鋼一

[対談] 産業としてのやきもの　型をめぐって……146

小泉誠（デザイナー）×内田鋼一

PART2 STYLING **萬古焼のしつらえ**……153

スタイリング　高橋みどり

PART3 PERSON **萬古焼のキーパーソン**……163
秦秀雄と春山、秦山の急須……164
［対談］秦秀雄と春山の萬古急須との出会い……182
山本将子、山本哲也（各治）×内田鋼一
萬古焼のデザインに影響を与えた、日根野作三……192
［対談］陶磁器デザイナー、日根野作三との思い出……208
稲垣太津男、稲垣竜一（三位陶苑 天水窯）×内田鋼一
萬古焼の系譜・松岡製陶所のストーンウエア……216
［対談］ストーンウエアのパイオニアになるまで……222
松岡正剛、岩井博右（松岡製陶所）×内田鋼一

PART4 ARCHIVE **アーカイブの意味**……229
［対談］アーカイブすることで見えてくるもの……230
皆川明（ファッションデザイナー）×内田鋼一

エッセイ　秦秀雄先生の思い出　森光宗男（「珈琲美美」店主）……190
エッセイ　日根野先生の茶盌考に習う　伊藤慶二（陶芸家）……214
エッセイ　萬古焼ってすてき　大橋歩（イラストレーター、デザイナー）……236

おわりに……238

PART1

萬古焼の世界

陶芸家・内田鋼一の目によって選ばれた、明治～昭和時代を中心とした萬古焼のほとんどは、名もない陶工たちがつくった産業のやきものだ。これまであまり目を向けられてこなかった、そんな萬古焼の世界を、ここでは「統制陶器・代用陶器」「カラーバリエーション」「海外向け陶器」「道具類」という4カテゴリーに分けて紹介する。

陶製洗面器　昭和　ø335×h100mm
統制番号：万76
琺瑯洗面器を摸した代用陶器

統制陶器・代用陶器

昭和15年から終戦後しばらく、全国の各窯場では生産数が管理され、すべてのやきものには生産者や生産数などが照合できる管理番号がつけられた。これを統制陶器と言う。また、戦争が近づくと金属不足を補うため、これまで金属製だった品を陶器でつくる代用陶器が生まれる。これらは時代が強いた陶器であるが、アイデアにあふれ、新鮮な驚きを与えてくれる。

右──琺瑯洗面器　昭和　ø340 × h95mm
左──陶製洗面器　昭和　ø340 × h95mm
統制番号：万10
琺瑯洗面器を模した代用陶器。琺瑯洗面器の縁に入った紺色のラインも再現されている

陶製洗面器（1番上）　昭和　ø300 × h90mm
統制番号：万120
縁に緑のラインが入った、琺瑯洗面器を模した代用陶器

陶製洗面器（P18）の商標と統制印

136

右──化粧品容器　昭和　ø60 × h65mm
統制番号：万 136
左──化粧品容器　昭和　ø65 × h60mm
統制番号：万 133
ガラスの代用品としてつくられた陶製容器。統制番号は容器の中、もしくは裏面に入っている

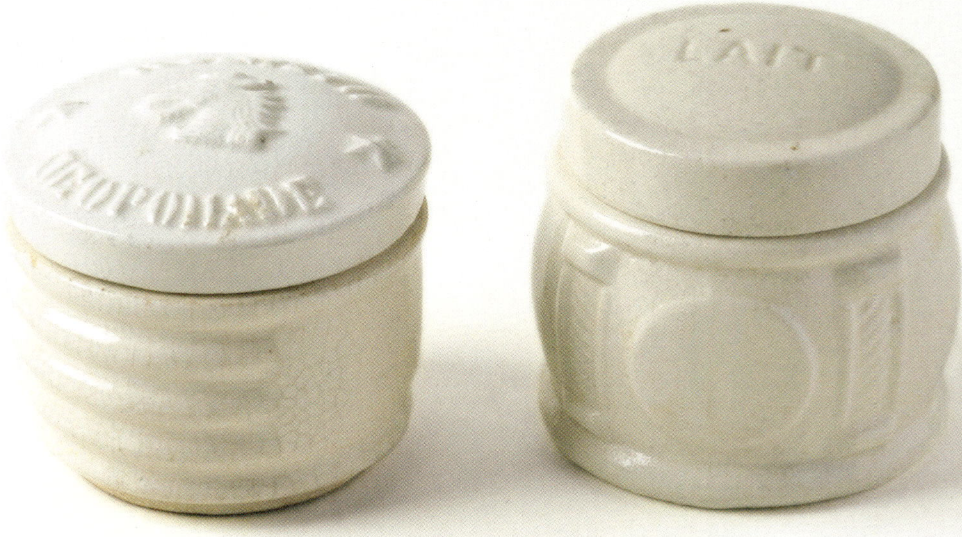

82

おろし器　昭和　w100 × h180 × d30mm
統制番号：万82
おろし金の代用品としてつくられた陶製おろし器。さまざまな種類があり、これは表裏ともおろし器として使える仕様になっている

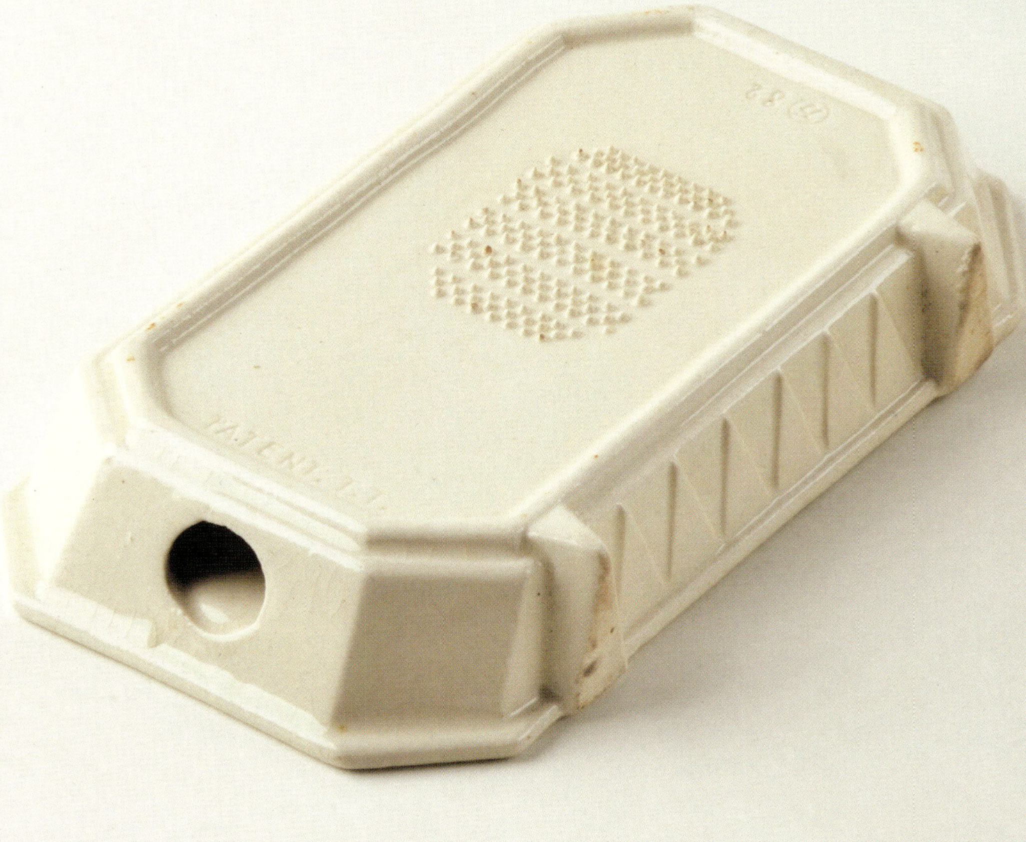

おろし器　昭和　w120 × h140 × d30mm
統制番号：万85

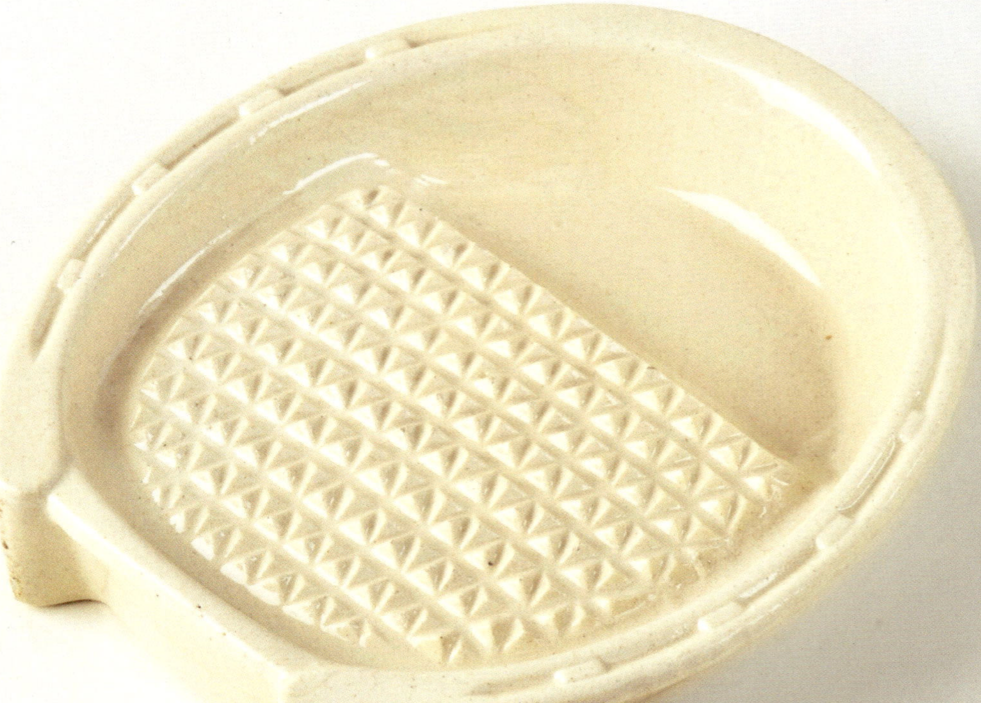

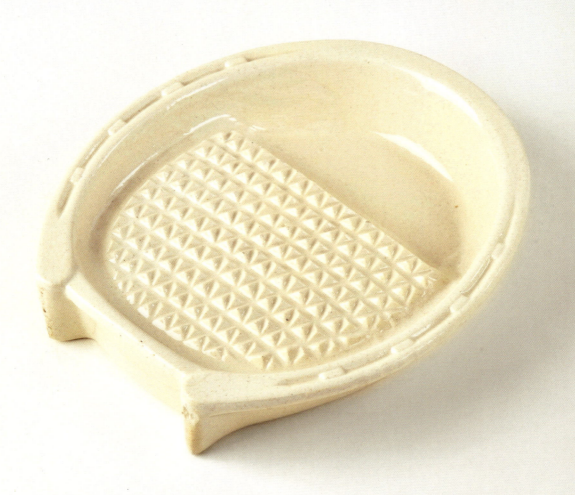

おろし器　昭和　w105 × h170 × d30mm
統制番号：不明

蓋付おろし器　昭和　w100 × h170 × d40mm
統制番号：万76

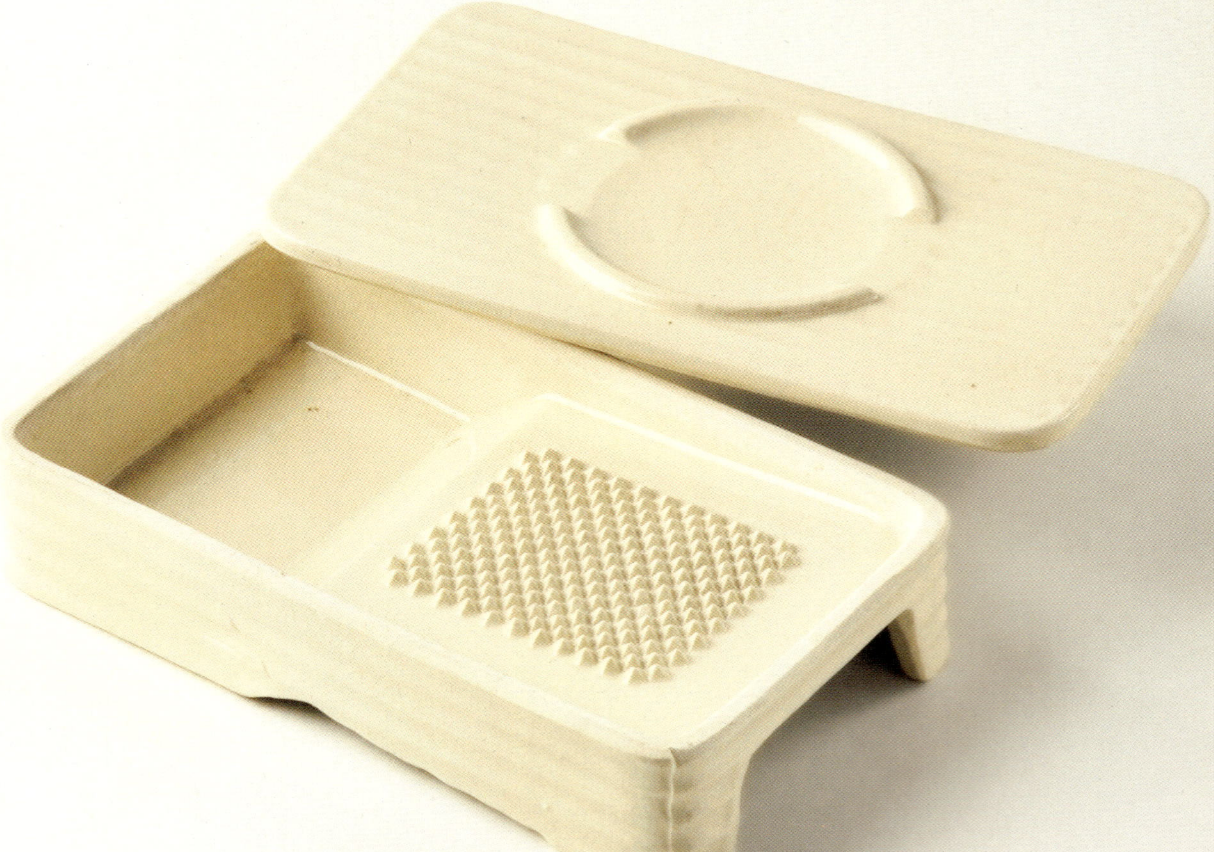

メモ台　昭和　w120 × h150 × d30mm
統制番号：不明

尿瓶《しびん》　昭和　w300 × h135 × d110mm

統制番号：万60

ガラスの代用品としてつくられた陶製尿瓶。この尿瓶のように、
裏面にガラスがはめ込まれた珍しいものもある

おまる　昭和　w195 × h80 × d135mm
統制番号：万 12?
金属の代用品としてつくられた陶製おまる

上——丸形水盤小　昭和　ø250×h75mm
統制番号：万17
下——丸形水盤大　昭和　ø300×h80mm
統制番号：万36

陶製フック　昭和　w60 × h60 × d20mm

統制番号：万 15

金属の代用品としてつくられた陶製フック。ネジ部分だけが金属製で、最低限の金属だけでつくられている

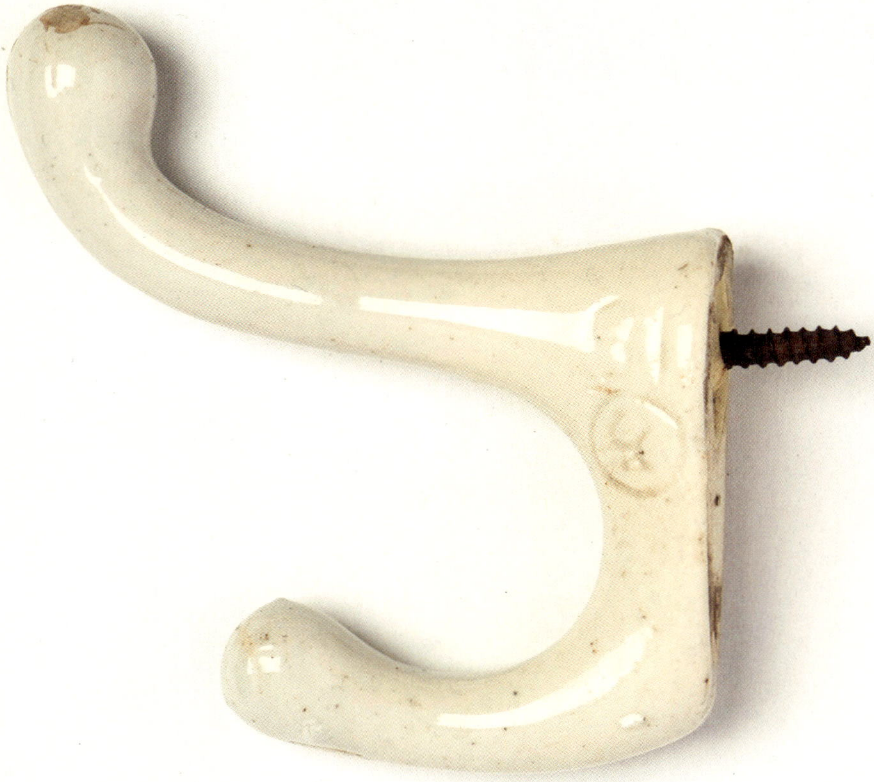

陶製キャニスター2種　昭和　ø75×h100～140mm
統制番号：万103
捻って閉められるようになっており、意外と密閉率は高い

焙烙《ほうろく》　昭和　w120 × h200 × d30mm

統制番号：不明

茶や豆、ごまを炒るために用いるやきもの

張巧器《ちょうこうき》（P42）　昭和　ø90 × h420mm

統制番号：万 11?

筒に熱湯を流し込んで、布地のしわを伸ばす道具

万

蚊遣器《かやりき》　昭和　ø140 × h60mm

統制番号：万82

右──琺瑯やかん　昭和　ø210 × h190mm
左──陶製やかん　昭和　ø140 × h190mm
統制番号：万67
琺瑯やかんを模した代用陶器。一見やきものに見えない、琺瑯と見間違えるほどの出来。柄は金属を用いている

87

陶製やかん　昭和　ø140×h150mm
統制番号：万87
琺瑯やかんを模した代用陶器。柄は編んだ籐でつくられ、底には火のまわりを良くするための切れ目が入っている

陶製やかん　昭和　ø140×h190mm
統制番号：万67
琺瑯やかんを模した代用陶器

陶製やかん　昭和　ø140 × h150mm

統制番号：万 92

鉄瓶を模した代用陶器。表面は鉄瓶の質感を再現している。底から蓋まで炎が通る煙突状のものが内部についている

蓋付鍋　昭和　ø220 × h90mm
統制番号：万31
鉄鍋を模した代用陶器

万
31

丙
74

ガスバーナー、ガスコンロ枠　昭和　w240 × h115 × d320mm
統制番号：万74
金属のガスバーナー、ガスコンロを模した代用陶器

85

ガスバーナー　昭和　w150 × h70 × d250mm
統制番号：万 85
金属のガスバーナーを模した代用陶器。ホース差し口とフック
のみ金属製

40

ガスバーナー　昭和　w170 × h75 × d310mm
統制番号：万40
金属のガスバーナーを模した代用陶器

火鉢　昭和　ø250 × h250mm
統制番号：万31

花止　昭和　ø80 × h38mm
統制番号：万135
金属の代用品としてつくられた陶製花止

水筒　昭和　w130 × h190 × d70mm
統制番号：万158
琺瑯、アルマイトなどの水筒を模した代用陶器

水筒　昭和　w110 × h160 × d50mm
統制番号：万36
金属製の水筒を模した代用陶器

土鍋　昭和　ø210 × 70mm
統制番号：万 122

吹墨花文段重　昭和　ø160 × h200mm
統制番号：万155

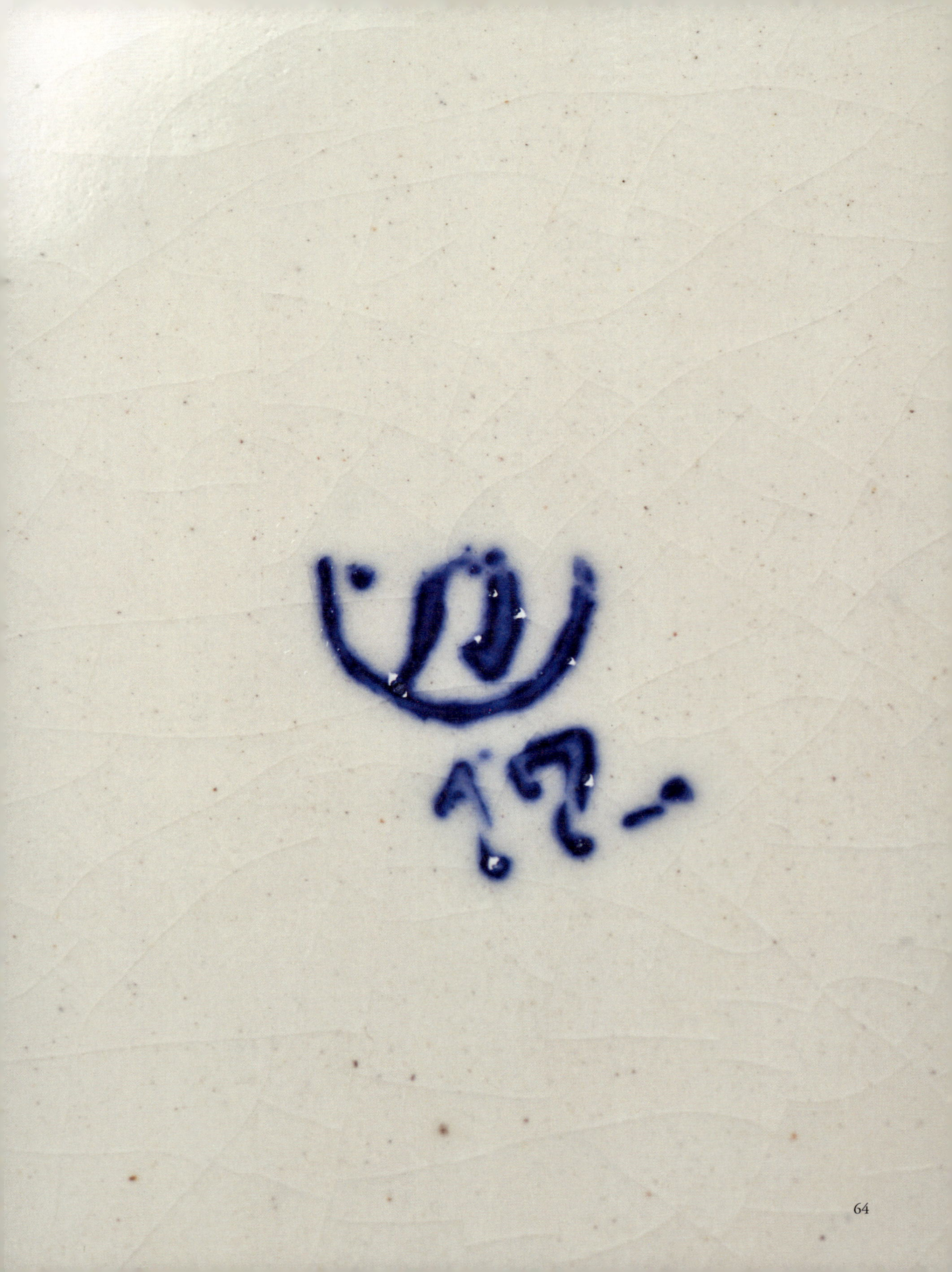

洋皿　昭和　ø235 × h30mm
統制番号：万 17
萬古焼は近隣産地との差別化を計るため、皿の数が少ない。萬古焼の統制品としては珍しい、梅花文様の皿

万
43

段重　昭和　w80 × h110 × d80mm
統制番号：万43
梅花文様の小さな重箱

万

輪線湯のみ　昭和　ø65 ~ 75 × h65mm
統制番号：万89
5色のラインが入った湯のみ。萬古焼の統制品は湯のみが多い

上――輪線片口　昭和　ø120 × h70mm
下――輪線蓋付片口　昭和　ø110 × h95mm
統制番号：万12（2点とも）

湯のみ　昭和　ø60 × h68mm
統制番号：万 147
オレンジ色のバラの花は吹墨、葉は手描きの湯のみ

湯のみ　昭和　ø70 × h40mm
統制番号：万 78

鎬《しのぎ》湯のみ　昭和　ø80 × h38mm
統制番号：万 38

湯のみ　昭和　ø70 × h80mm
統制番号：万 164
浜千鳥文が施された、阿漕焼の湯のみ

25
紀州九度山
アイコク
實用新案

灰皿　昭和　ø120 × h50mm

統制番号：万25

マッチ差しもついた灰皿。統制印には戦車と「アイコク灰皿」という文字が描かれ、戦争の気配を感じさせる

貯金箱（戦車）　昭和　w75×h120×d80mm
統制番号：万122
戦前から政府は国民に貯金することを推奨したため、貯金箱が数多くつくられた。萬古焼の統制品には貯金箱も多い

万
122

右──貯金箱（恵比寿様）　昭和　w80 × h55 × d130mm
左──貯金箱（大黒様）　昭和　w80 × h50 × d130mm
統制番号：万 139（2点とも）

貯金箱（だるま）2種　昭和　ø70×h100mm
統制番号：万85

右──貯金箱（関取）　昭和　w100×h80×d120mm
中──貯金箱（赤ちゃん）　昭和　w90×h50×d100mm
左──貯金箱（ヤマトタケル）　昭和　w110×h60×d130
mm
統制番号：万139（3点とも）

右――貯金箱（金庫） 昭和　w80 × h55 × d100mm
統制番号：万 52
左――貯金箱（郵便ポスト） 昭和　ø70 × h110mm
統制番号：万 56

貯金箱（野球少年） 昭和　w100 × h50 × d150mm
統制番号：万 139

統制陶器・代用陶器にみられる萬古焼

舟橋健（蒐集家）×内田鋼一

周囲に主力窯業地がひしめく四日市の萬古焼は、創意工夫を重ねた色づかいや造形、デザイン性などを育んでいった。戦前戦後につくられた統制品と代用品もまたそのオリジナリティを雄弁に物語る生きた資料である。その特徴を、統制陶器・代用陶器コレクターの舟橋健に聞いた。

統制品とは何か

内田鋼一（以下、**内田**）　まず統制品の定義について教えてもらえますか？

舟橋健（以下、**舟橋**）　統制品とは、日本陶磁器工業組合連合会*1（以下、日陶連）が、陶磁器の生産数・価格・生産者・生産品を指定し、統制を行ったやきものを指します。その目的は、海外、特にアメリカとの貿易において、国内に流通する陶磁器製品と海外への貿易品との価格の落差を調整し、足並みを揃えるためでした。

内田　僕は戦争中に金属は武器などで不足するので、それに変わる代用品が同時に生まれたと聞いていました。それと、やきものは大量の燃料を用いるので、枯渇による供給不足を防ぐため、あらかじめつくるものを指定して統制を図ったのだと。

舟橋　確かに戦時統制下では軍需優先により、金属製品の代わりとなったこともあったようですが、元々は貿易に関する値段調整から始まったようです。「ノリタケ*2」が海外で成功して、アメリカの窯業者の製品と競合したことで、明治45〜大正元（1912）年にアメリカで公聴会が開催されています。その後、昭和8（1933）年以降から統制が始まりました。その頃には、萬古などで生産された洋食器が、アメリカにある程度輸出されていました。

内田　なるほど。陶磁器以外にも、統制品はあったのですか？

舟橋　私の知る限りでは、貿易における陶磁器だけだと思います。統制番号をうつわの裏につけることで、生産量と生産者を限定するというところから始まったようです。統制番号をつけ始めたとされる昭和15（1940）年秋以降から昭和21（1946）年まで、基本、全部に入っています。いわゆる日陶連が認めた公定価格で販売する

＊1　日本陶磁器工業組合連合会（日陶連）
1931年、愛知県・岐阜県の陶磁器組合代表者によって設立。戦前戦後の陶磁器産業の発展に大きな役割を果たした。1944年、統制組合法の施行により「全国陶磁器統制組合」と改名したが、翌年自然解散となった。

＊2　ノリタケ
1904年、愛知県名古屋市で創業された、世界最大級の高級洋食器メーカー、ノリタケカンパニーリミテドの食器ブランド。和と洋をミックスした「ノリタケチャイナ」は、世界的な人気を博した。

ふなはし・けん
1972年愛知生まれ。会社員の傍ら、統制陶器蒐集家として名古屋を中心に全国の骨董市などを訪ね歩く。戦前から昭和30年代までのコレクションについて次世代に継承していけたらと考えている。現在探しているのは代用品の陶製吸入器。

汲み出し　昭和　ø95 × 55mm　統制番号：万 135
萬古焼の統制品には、湯のみ・汲み出しが多いという。
これは土色を生かしたシンプルな無釉のもの

ものはすべてです。例外として、個人が特別注文で燃料や材料などを供給してつくらせたものの場合、入っていないものもあるようなのですが。

内田　益子焼[*3]の組合のような団体が輸出するものは、最初はシールで統制番号をつけていたと聞いたことがあります。統制品がもっとも多いのは、大規模な窯業地がある東海地区だと思いますが、全国の窯業地にも広まっていったわけですよね。

舟橋　結局、輸出向け陶磁器を含む、陶磁器生産全体を全国規模で統制しなければ、意味をなさなかったということです。

日陶連の元専務理事だった三井弘三が著した『概説近代陶業史』（日本陶業連盟、1979年）によると、昭和16（1941）年頃以降には沖縄の組合も加入していたようです。

内田　東北の産地など、小さな民窯にも統制品があったのですか？

舟橋　その地域を示す番号らしきものを見たことがあります。ただそれが本当にその地域のものかどうか、判断が難しいところです。私が見たのは、「平」の刻印と数字が書いてある、山形の平清水焼[*4]の火鉢です。

内田　平清水焼は、陶器も磁器も生産する歴史のある産地ですよね。統制品は、瀬戸焼[*5]や美濃焼[*6]など、岐阜のものが圧倒的に多いのですか？

舟橋　多いのは、美濃焼ですね。統制番号としては1210番まで確認していますので、欠番があるとしても相当数に上ると思います。瀬戸で確認できているのは900番代までです。

内田　多治見や土岐など、産地が多い岐阜県は、ひとまとめで扱われていますよね。

舟橋　岐阜県では大きな組合がひとつあって、その下に小さな組合がたくさんあったので、総じて「岐」の印にしたのだと思います。九州では有田焼[*7]が多いですが、欠番も多いです。ただ僕が入手している数は、瀬戸より少ない。正確な全体数はわかりませんが、前述の本に記載されている生産者の数は、有田111業者、瀬戸1137業者の登録がありました。

内田　有田は磁器だから、より残りやすいのかもしれないですね。食器が多いのですか？

舟橋　食器がほとんどですね。一部代用品が少しだけありますが、ほかには手榴弾とか、陶製兵器などもあります。

内田　手榴弾といえば、備前[*8]でもつくっていたらしいですね。後に人間国宝になられた金重陶陽[*9]さんもつくっていたという話は、本当なのですか？

舟橋　本当です。実際に米兵が来て確認していったそうです。地域によってつくられるものも特徴があります。備前は、茶壺など統制品の中でも高級なものが多くて、完全に国内向けですね。

内田　山口県の萩焼[*10]はどうでしょう？

舟橋　萩焼は、まだ見たことがないです。地域の組合員の窯元の数からすると、あったはずなのですが、ものが出てきていません。

内田　絶対数が少ないのでしょうか？　南は九州と沖縄、北は平清水。僕が知っている統制品は、そのあたりまでです。

舟橋　東北の大きな産地としては、ほかに会津本郷焼[*11]があります。ただ、ものとして確認できているのは急須とおろし金くらいなんですけれど、ほかのものもあると思います。

＊3　益子焼
栃木県芳賀郡益子町周辺で焼かれる陶器。水がめやすり鉢などの日用具で知られる。1925年より陶芸家の濱田庄司と思想家の柳宗悦らが起こした民藝運動でも紹介され、注目を集めた。

＊4　平清水焼
山形県山形市の東南、千歳山の南麓で焼かれる陶磁器。江戸後期の文化年間に茨城から陶工の小野藤次平を招いたのが始まりと言われている。鉄分の多い原土を生かした素朴なうつわ。

＊5　瀬戸焼
愛知県瀬戸市を中心として焼かれる陶磁器。日本六古窯のひとつ。日本のやきものを総称して「瀬戸物」と呼ぶほど隆盛を誇った。代用品では、生活用品、軍用品、陶貨など幅広く生産した。

＊6　美濃焼
志野、織部、黄瀬戸などに代表される、岐阜県土岐市、多治見市、瑞浪市、可児市周辺で焼かれる陶磁器。洋食器やタイルなどで全国トップの生産数を誇る。

＊7　有田焼
佐賀県有田町を中心に焼かれる磁器。日本の磁器製造の祖として2016年で400年を迎える。清楚な呉須《ごす》（コバルト）の染付や豪華な金襴手《きんらんで》（金で絵付けした赤絵）など幅広いうつわをつくる。

＊8　備前焼
岡山県備前市を中心に焼かれる陶器。日本六古窯のひとつ。別名「伊部焼《いんべやき》」。釉薬を掛けない酸化焔焼成によって堅く焼き締めた赤みがかった土味が特徴。

萬古焼の統制品の特徴

内田　統制品を集めるきっかけは、なんだったのですか？

舟橋　2001年に、当時の岐阜県陶磁資料館（現・美濃焼ミュージアム）で開催された「戦時中の統制したやきもの」という統制品の展覧会を見たのがきっかけです。戦争中にも関わらず、いろんな図柄でつくられたやきものを見て惹かれました。100個も集めれば、統制品の全体像が見えるかなと思ったのですが、甘かったですね。岐阜で焼かれたことを示す「岐」の印が入ったもの以外、ほかの地域の製品が意外と出てこなくて。今、蒐集を始めて14年目になりますが、全部で3300個ほどになります。

内田　萬古焼の「万」印の統制品は、そのうちどれくらいお持ちですか？

舟橋　リストアップをしたら、萬古だけで120個ありました。ただ独自に分類して番号をつけているので、実際はもっと少ないかもしれません。

内田　「万」という印が入っていないものもありますか？　まったく同じものなのに、番号があるものとないものがあるんです。

舟橋　おそらくつけ忘れや押し忘れです。それと一例しか見たことがないんですけど、統制番号がついた紙のラベルが張りつけられている瀬戸の茶道具の建水[*12]を見かけたことがあります。番号が水性インクのスタンプでついたうつわもありました。うっかり洗って消してしまったのですが……。

内田　ほかの地域と萬古との違いはどんなところでしょうか。

舟橋　萬古焼のものは、すぐにわかります。まず磁器がほぼないということ。あっても半磁器[*13]くらいです。磁器か陶器かと言われたら陶器。磁器製品は、まったく見ません。

内田　陶器でも硬質と軟質[*14]とありますから、見た目だけでは判別が難しいですよね。

舟橋　2つ目は、飯茶碗と皿をつくっていないという点。洋食品の皿1枚だけ確認していますが、湯のみと蓋ものぐらいで和食器はゼロです。

内田　飯茶碗など、いちばんポピュラーなものがないというのは、なぜでしょうか？　周囲にある大きな産地、瀬戸や美濃などとのからみからでしょうか？

舟橋　その可能性が高いですね。大正時代には、瀬戸などから材料の土が供給されていましたし、統制番号がつく頃には、どこの地域でどれだけの製品を誰がつくるというところまで決まっていましたので、そういう取り決めがあったんじゃないかと考えられます。

内田　瀬戸や美濃のシェアに比べたら、萬古焼でやる意味がなかったのかもしれないですね。萬古のものは、チープな感じだったり、キッチュな感じだったり。それが特徴ですよね。

舟橋　萬古焼は、ひと目見ればわかります。ほかの産地と色づかいが全然違いますから。

内田　質実剛健でガンガン使う用途のものがない、全体に遊び心があるというのは、統制品にくわしくない自分が見てもわかります。

舟橋　そういう意味合いで言うと、カラフルな貯金箱が多いのも特徴的です。

内田　以前、四日市の骨董市で見つけた二宮金次郎の貯金箱も、ペンキのような色が塗ってありました。素焼き

＊9　金重陶陽
1896年岡山生まれ、1967年没。陶芸家。桃山備前の再現を追究、備前焼では初めて重要無形文化財保持者（人間国宝）に認定された。

＊10　萩焼
山口県萩市一帯を中心に焼かれる陶器。古来より「一楽二萩三唐津」と茶人の間で珍重されるなど、茶陶で知られている。

＊11　会津本郷焼
福島県会津美里町周辺を中心に焼かれる陶磁器。地元産の的場粘土を使った陶器と、大久保陶石を用いた磁器を生産する。光沢のある飴釉を施した、にしん鉢などに代表される。

＊12　建水
茶会の席で茶碗をすすいだ湯水を捨てるためのうつわ。「湯こぼし」ともいわれ、金属や陶器、曲物（木）などでつくる。

＊13　半磁器
磁器の性質を加えた陶器。融剤として長石が入り、よく焼き締まるが完全に磁器化せずに多少吸水性がある。

＊14　軟質陶器・硬質陶器
軟質陶器は、低火度で焼いた陶器の総称。白雲陶器も含まれる。硬質陶器は、焼成色の白い高純度の可塑性粘土・カオリン・石英・長石からなる素地を、比較的高温で焼成する。硬く緻密で吸水性が少ない。

して水色のペンキで塗っただけのものを見たことがあります。でも当時、貯金箱は必要だったのでしょうか？

舟橋　釉薬の掛かったタイプもありますが、ともかく貯金箱がとても多い。当時、国をあげて貯金を奨励していたので必要なものだったようです。底に穴が開いたタイプと、割らないとお金を取り出せないタイプがあって、すでに割られているもの、穴がなくてお金が入ったままのものも見かけます。

内田　貯金箱は、ほかの産地にもあるものなのですか？

舟橋　岐阜のものを1個見たことはありますが、私が持っているもののほとんどは萬古焼です。

内田　それはうれしいですね。また、統制品と知らずに買ってきたものの裏を見ると、番号が入っていたということがよくあります。先日、型萬古の細工物に統制番号が入ったものを何かの資料で見かけたのですが、趣味的な要素が強いものでも統制品に含まれるのですね。そのあたりがよくわからないのです。

舟橋　おそらくそういう装飾的なものは、統制番号をつけ始めた昭和15（1940）年から年月がそんなに経ってない頃のものではないでしょうか。実際、模様や形状を厳しく統制し始めるのは昭和18（1943）年秋以降ですから。それ以前のまだ戦況が切迫していない時代のものだと思います。

有田焼の「深川製磁[*15]」や「香蘭社[*16]」との関係性も考えられる窯元の統制品にも透かし彫りを施した鉢があって、番号がついていました。そういったものを戦争中につくるというのは、今の感覚では想像できないですよね。

内田　悠長な感じがしますね。軍用食器は丈夫で装飾もないイメージが強いし、透かしなどを入れている場合じゃないはずですよね。ちなみに、どの産地でどんな統制品や代用品をつくっていたのかなど、資料は残っているのですか？

舟橋　この『定款及統制規程』（日本陶磁器工業組合聯合會、1941年）には、全国の陶磁器工業組合のリストと生産しているやきものの種類が載っていて、陶磁器の統制状況、製品の規格、製品の生産割当などがわかるので、とても参考になります。「肥」の印は、九州の佐賀県藤津郡の肥前吉田焼[*17]、「N」は名古屋らしいのですが、実際には、名古屋の「名」の印がついています。

内田　備前だと個人で機械などを使う大規模なところは少ないから、金重さんもリストに上がっていますね。常滑[*18]の印は「常」ですか？

舟橋　そうです。大概、頭の頭文字ですね。ここには、ほぼすべての窯業地が載っています。

内田　すごいですね。こういう本がちゃんと残っているんですね。立派な資料です。

舟橋　もう1冊の『昭和17年版 日本代用品工業閲覧』（代用品協會、1943年）内の陶磁器の部には、代用品の名前と産地名、製造者名、販売先の百貨店名なども細かく掲載されています。

内田　かなりマニアックなものだけど、誰が見るのでしょう。

舟橋　つくり手や行政もからんだ国策の業務だったので、半ば強制的に全国の産地に配布されたものかもしれません。各地域の代用品について、会社名やつくり手の情報を始め、製品の特徴が記されています。写真は載っていませんが。

内田　くわしく書いてあるので、各々の窯の特徴や技術力も自ずと見えてきますね。

舟橋　この『日本代用品工業総覧』がまとめられた年の

＊15　深川製磁
1894年創業。佐賀県有田町にある陶磁器メーカー。古伊万里をベースとした「深川スタイル」の精巧で美しい磁器は、欧州で高く評価されている。

＊16　香蘭社
1689年創業。佐賀県有田町にある陶磁器メーカー。明治期よりつくられた「香蘭社調」の優美な磁器は、宮内庁御用品としても知られている。

＊17　肥前吉田焼
佐賀県嬉野市を産地とする磁器。磁器発祥の有田で技術を学び、大正時代には中国や朝鮮に市場を拡大した。染付や色絵など幅広い表現で日用食器をつくる。

＊18　常滑焼
愛知県常滑市を中心に、知多半島内で焼かれる陶器。日本六古窯のひとつ。酸化鉄を多く含んだ土を焼き締めた赤い色が特徴。萬古焼と並び、日常づかいの急須で知られる。

＊19　金属類回収令
1941年、武器生産に必要な金属資源の不足を補うために、官民所有の金属類の回収を目的とした、政府公布の勅令。1945年に廃止。

前年、昭和16（1941）年には金属類回収令*19が交付されたこともあり、そこから代用品の生産量が一気に増えたようです。

代用品が多く見られる萬古焼

舟橋　『日本代用品工業総覧』には、日陶連が代用品として指定したものが掲載されているのですが、萬古焼は代用品が比較的多いのも特徴です。瀬戸が有名ですが、私が集めてきた中では、萬古焼のほうが多い。今回の対談にあたり、萬古焼だけのリストをつくっていてそう感じました。

内田　それは興味深いですね。ずっと統制品を見てきた舟橋さんの感触だから、信頼できます。瀬戸や美濃は代用品をクローズアップした展覧会も開催しているので、代用品といえば瀬戸・美濃という認識が広がっています。

舟橋　そうですね。当初は瀬戸・美濃から始まったのでしょう。

内田　大手窯業地の瀬戸・美濃に対して、萬古焼は隙間産業的なところで代用品をやろうとなったのか、またはやらされたのか。それともメーカー側が提案したのか、行政の指示なのか。どうなのでしょう？

舟橋　代用品の生産は、日陶連とメーカーの提案を行政が後押しするということもあったようです。昭和初期の昭和恐慌の頃から、輸入品ではなく国産品を使おうとの気運が高まり、代用品が生まれてきた。例えば、着物の洗い張りをするときに使う張巧器《ちょうこうき》*20。筒型になっていて湯を入れればアイロンとしても使える湯のしタンクなど。もとは金属製だったものを陶磁器でつくった萬古焼を見たことがあります。他産地のものは見たことがないです。

内田　洗面器や制服のボタンまで萬古焼でつくられていたようですね。以前、萬古焼の尿瓶《しびん》や、琺瑯《ほうろう》のケトル（やかん）をそっくり真似た萬古焼をどこかで見た記憶があるのですが。土瓶ややかん、金属器の代用品もありますか？

舟橋　確か、持っていると思います。でもどちらかというとツタの柄のついた土瓶の方が多いです。ガスバーナーや手のついた金属鍋もあります。

内田　本に掲載されている、手洗い器というのは、どういったものでしょうか？

舟橋　吊り下げ型の手洗い器のことだと思います。ただこの本に載っているからといって、すべて実在するわけではありません。大規模な窯元が軍からの調達のほうを優先して、こういうものもつくれますと事前に登録したのかもしれないし、正確なことは、ものが出てこないとわかりません。

内田　舟橋さんがずっと探しているものはありますか？

舟橋　実は一個あります。喘息のときに使う吸入器です。磁器のものが瀬戸でつくられていたようです。

内田　吸入器はすぐに割れそうだし、ガスコンロ、栓抜き、滑車《かっしゃ》のようなものも壊れやすそうだから、数も少なそうですね。

舟橋　栓抜きは実際に試したことはないですが、意外と折れないらしいですよ。

内田　僕らやきものをやる人間からすると、不思議です。鋤《すき》の先の部分も欠けそうなのに。

舟橋　そうですよね。コレクターがいるのはアイロン、軍隊もの。おろし金も欲しがる人が多いです。

内田　確かに、おろし金マニアは多いです。ただ、鏡餅も陶器でつくられていたとはびっくりしました。

＊20　張巧器
1950年代頃に室内で使われた着物の湯のし器。反物を挟んで引っ張ってまわしながらシワを伸ばす、アイロンのような道具。

萬古急須5種　昭和　ø80〜95×h60〜80mm
統制番号：万116
裏面には「万」の字と統制番号が印字されている

舟橋　代用品の鏡餅は、ネズミに食われないというので好評だったそうです。

主要産地ではないからこその遊び心と工夫

内田　こうして全体を通して見てみると、萬古焼の統制品や代用品は、遊び心がありユニークものが多いと思います。鯉の口に花を生ける掛け花も、美しいというより笑いを誘っているとしか思えない（笑）。

舟橋　萬古の花瓶は確かに数が多いですね。生産業者に偏りはありますけれど、絵柄も形も色々あって派手なものが多いです。当時は食糧増産のため、花を育てるのを禁止しようという流れが出てきて、昭和18（1943）年頃には花瓶も贅沢品として禁止されました。そのわずかな間につくられたものとして花瓶は貴重ですし、ほかの地域では有田、波佐見*21、瀬戸、美濃でごく少数しか見たことがありません。

内田　花瓶もそうですが、萬古焼の統制品や代用品は、必要に迫られてつくられたという感じがしないものが多いですよね。

舟橋　そうですね。産地別に細かく見ていくと、その土地の特色がわかります。今回は萬古焼で良かったです。美濃や瀬戸と言われたら、特徴をあげるのは難しい。

内田　もともと萬古焼の歴史は、江戸期の古萬古から始まったので、ほかの産地に比べて浅い。そして他産地との決定的な違いは、地元で原料となる土を大量に採取できないということ。でもだからこそ、試行錯誤と創意工夫が育まれた。一大窯業地じゃないけれど、流通に便利な立地だったことで、さまざまな情報を取り入れながら生き残ってきたんです。江戸期に遡っても洒落気であったり、色づかいの奇抜さであったり、シノワズリのテイストだったり、ほかとは明らかに違う感覚がありました。そして昭和の時代にも、鯉の掛け花や貯金箱、細工ものの急須などは、まだ余裕のある時代の副産物だったとはいえ、ほかの周辺産地とは違う方向性を持って繋げていった。その流れが、今回統制品や代用品にも当てはまるとわかって、納得しましたし、とても面白かったです。
貴重なお話、ありがとうございました。

＊21　波佐見焼
長崎県東彼杵郡波佐見町を産地とする磁器。呉須（コバルト）で唐草模様を筆描きした「くらわんか碗」などの染付や青磁を主体とした普段づかいのうつわを焼く。

◉萬古焼の世界

カラーバリエーション

萬古焼の特徴のひとつが、カラーバリエーションの多さである。それは、赤絵、青磁、腥臙脂釉《しょうえんじゆう》など、江戸時代の古萬古や有節萬古からすでにあった傾向だが、下絵付けの色合いが美しい、明治末期の大正焼など、その後も鮮やかな色彩のやきものを多く生み出し続けた。そんな色合いの美しいモダンなうつわは、現代の暮らしにも取り入れやすそうだ。

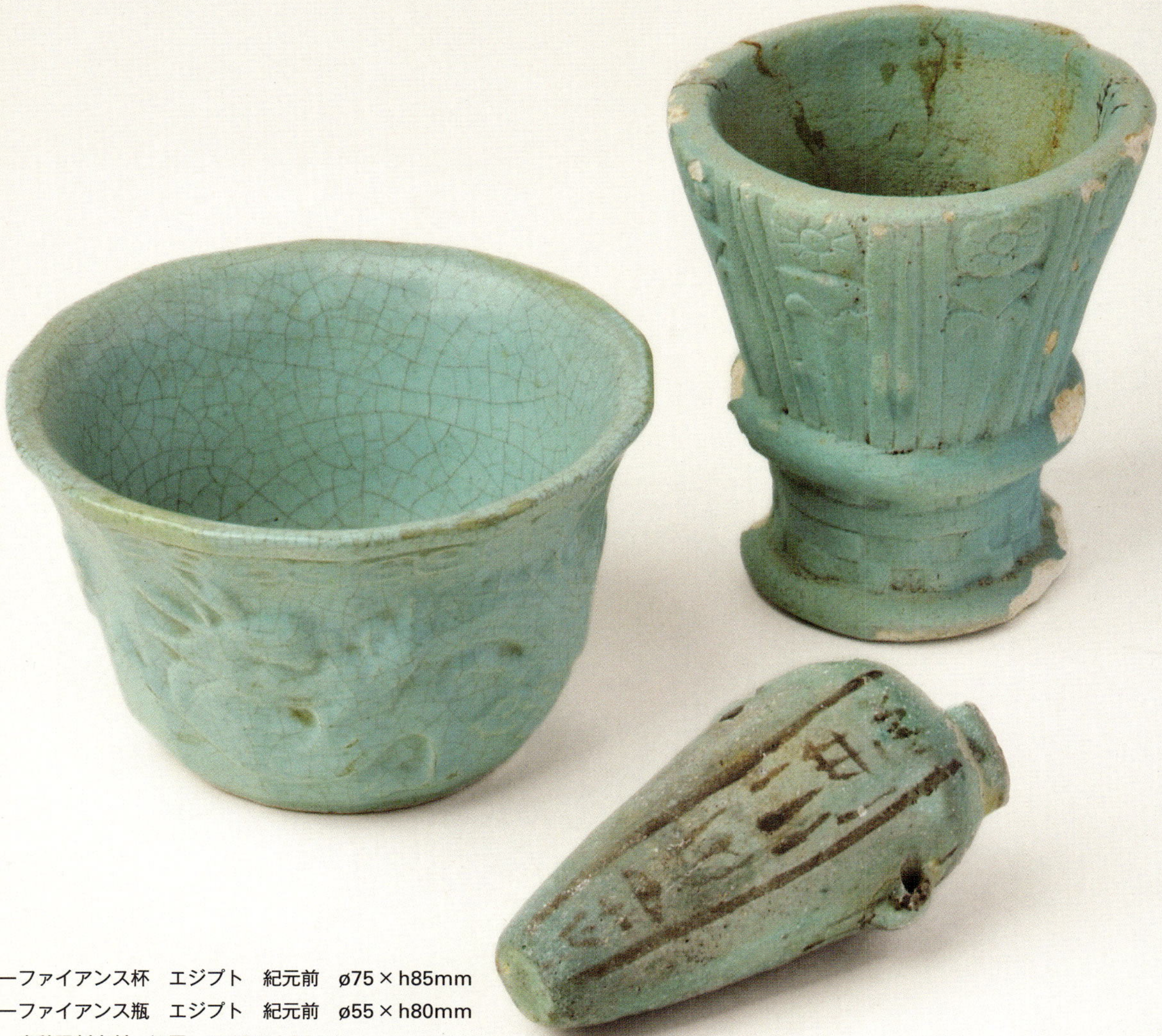

右──ファイアンス杯　エジプト　紀元前　ø75 × h85mm
中──ファイアンス瓶　エジプト　紀元前　ø55 × h80mm
左──青釉陽刻向付　江戸　ø100 × h60mm
まったく時代も場所も違うものだが、どこか似た質感や雰囲気を感じる。この萬古焼の青釉の色は青磁を模しており、どこか無国籍な雰囲気が漂う

青釉陽刻向付　江戸　ø100 × h60mm

青釉鎬蓋置　明治　ø45 × h45mm

青釉カップ　江戸　ø90 × h85mm
カップとしているが、この時代の用途は不明。洗練された印象のデザイン

萬古

青釉蓋物　明治　ø130 × h90mm

青釉香炉　江戸　ø75 × h65mm

青釉花文菓子器　明治　ø190 × h90mm

青釉盃　明治　ø40 × h43mm

青釉畳づくり盃　明治　w68 × h35 × d65mm

初代春山　青釉香炉　大正～昭和　ø85 × h85mm

青釉隅切小皿　明治　w140 × h120 × d25mm

黄釉茶托　昭和　ø85 × h10mm
今の時代の暮らしにも取り入れやすいお洒落なうつわ

黄釉透文酒袴対　江戸　ø83 × h35mm
七宝文が入った、徳利の下に置くうつわ。燗をした徳利を持ち歩くときなどに使用する

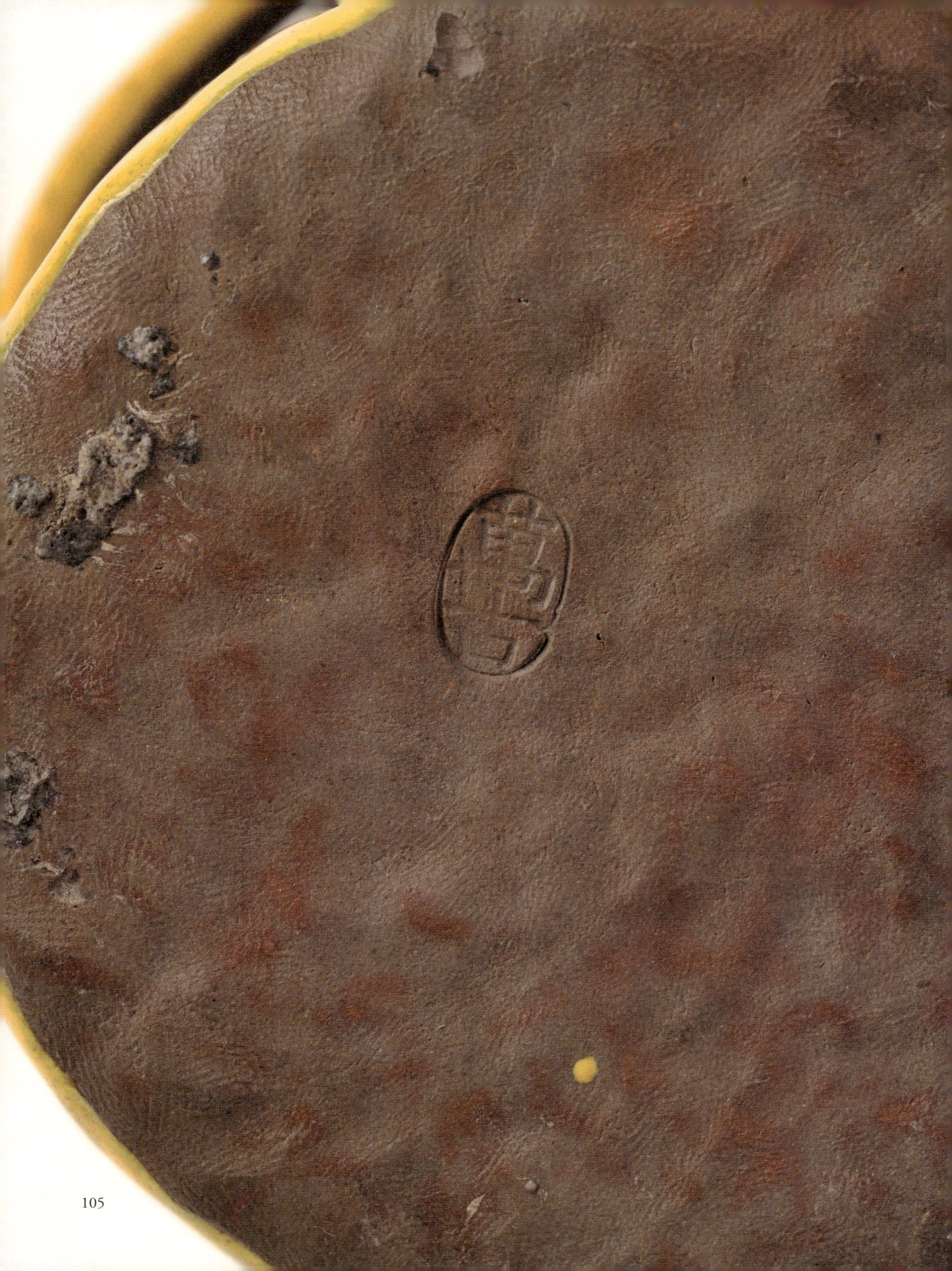

黄釉組皿　昭和　ø150 × h20mm

緑釉組皿　江戸　ø160 × h15mm
前ページの黄釉皿も同様に、現代でも洋風なプレートとして使えそうな、モダンな薄づくりの皿。印が落款ではなく書き文字で入っているのも珍しい

緑釉白椿菓子鉢　昭和　w170 × h95 × d170mm

尾形乾山《色絵椿文輪花向付》の写しだが、サイズが大きく色味に少しチープさを感じる。しかし、それがかえって可愛らしく、軽やかで肩の力が抜けた魅力になっている

織部写扇面鉢　明治　w235 × h80 × d285mm
桃山時代の織部の《扇面鉢》を写しているのだが、本家とはまったく印象が違う別ものになっている

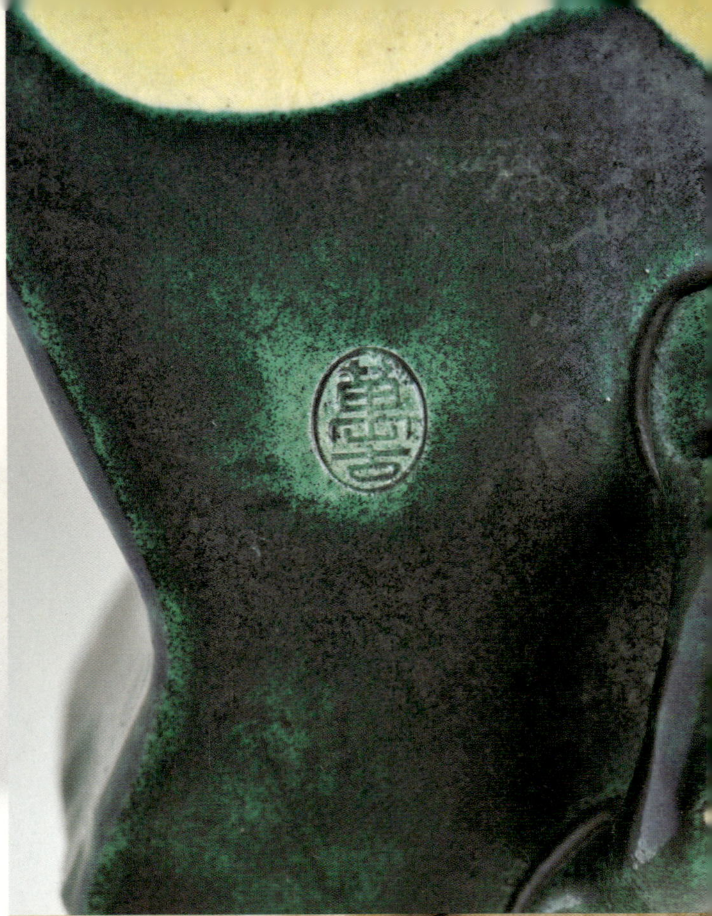

織部写皿　明治　w180 × h30 × d140mm

緑釉蒸菓子器　昭和　ø160 × h95mm
底にいくつかの穴が空き、蒸し器の機能がある珍しいうつわ。
菓子を蒸した状態で提供することができる

緑釉線刻文蓋物　昭和　ø100 × h65mm

銀彩手付徳利　明治　ø80 × h110mm
萬古焼は、早い時期から総銀彩のうつわをつくっていた。この徳利は、手捻り成形の指跡が残った上に銀彩をのせているため、その指跡が銀器にある金槌の槌目にも見える

銀彩煎茶碗　昭和　ø75 × h50mm

銀彩銘々皿　明治　ø150 × h20mm
銀製の青海皿を陶器に写したと思われる品

白泥煎茶碗　明治　ø60×h38mm
きめの細かい白土でつくられた茶碗は、使い込まれて中の化粧土が変化し、味わい深くなっている。今見ても古さを感じさせない

白泥煎茶碗　明治　ø65 × h35mm

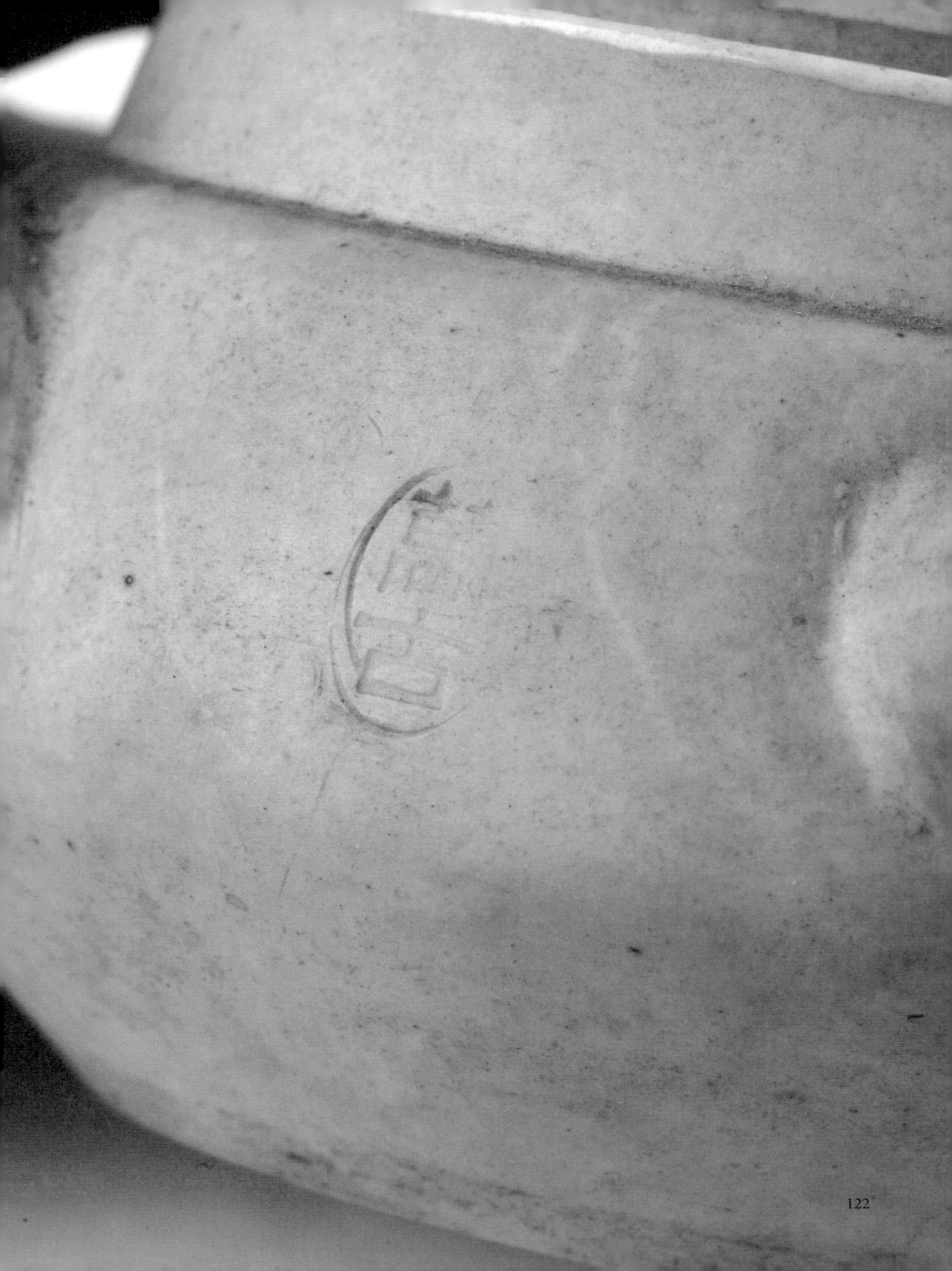

白泥茶注　明治　ø75×h70mm

白泥畳づくり振出　明治　ø75 × h90mm
茶道の菓子入れ。畳づくりは、薄くのばした白土を折り畳むようにつくる萬古焼独特の技法

畳づくり手付片口　明治　w115 × h40 × d50mm

掛分煎茶碗　大正　ø70 × h40mm
外側の黒色と内側の白色のコントラストがモダンな印象を与える茶碗

紫泥煎茶茶碗　昭和　ø70 × h50mm
紫泥湯冷し　昭和　ø90 × h40mm
代表的な萬古焼の煎茶道具だが、シンプルで現代の生活にも合わせやすい

紫泥腥臙脂釉型萬古茶注　明治　ø65 × h70mm
萬古独特のピンク色の釉薬が、艶やかでポップな雰囲気を醸し出している

白泥腥臙脂釉型萬古茶注　明治　ø90 × h70mm
作者名を示すさまざまな印を押し文様としているのは、江戸時代後期の瀬戸や萬古の茶道具に見られる「数印」

手捻り旗絵煎茶碗　昭和　ø65 × h40mm
手捻り旗絵湯冷し　昭和　ø80 × h45mm
旗を掲げている不思議な図柄の煎茶器

色絵火鉢　明治～大正　ø270×h230mm
細かな絵付けが全面に施されており、色づかいも鮮やか。窓絵には伊勢神宮や二見浦と、伊勢の名所が描かれている

陶製鏡餅　昭和　ø16×h135mm

お米が貴重だったのか、通年を通して使えるという理由でつくられたのか。上下が分かれて入れ物のようになるユニークなやきもの

◉萬古焼の世界

海外向け陶器

東海道沿線に位置し、明治時代に入ると四日市港の開港や鉄道の開通など、交通網が発達した四日市。萬古焼はその立地を生かし、ほかの産地に先駆けて輸出陶器を多くつくるようになり、大正〜昭和時代にはさらに生産が伸張していった。輸出品は、西洋人好みのデザインが採用され、国内製品とはまた違った趣がある。

陶製鎖（花鎖）　昭和　w86×d45mm
釣り花入の鎖。代用陶器という側面もあるが、鎖を陶器でつくるという発想がユニーク

陶製キューピー人形　明治　大w210×h270×d250mm、
小w50×h110×d70mm
明治時代から輸出用として多くつくられた人形。今ではキューピー人形のコレクターから垂涎の的となっている。大正時代にはこれをもとに復刻版がつくられた

色絵花瓶　大正　ø95×h185mm
アールヌーボーを意識したデザインだが、その絵柄が少々奇抜。
精密に描かれた虫は、ハサミムシやハエなど普通柄には用いな
いものを選んでいる

型萬古唐子土瓶　明治　ø140 × h135mm
木型でつくられた、煎茶の風景が描かれた土瓶

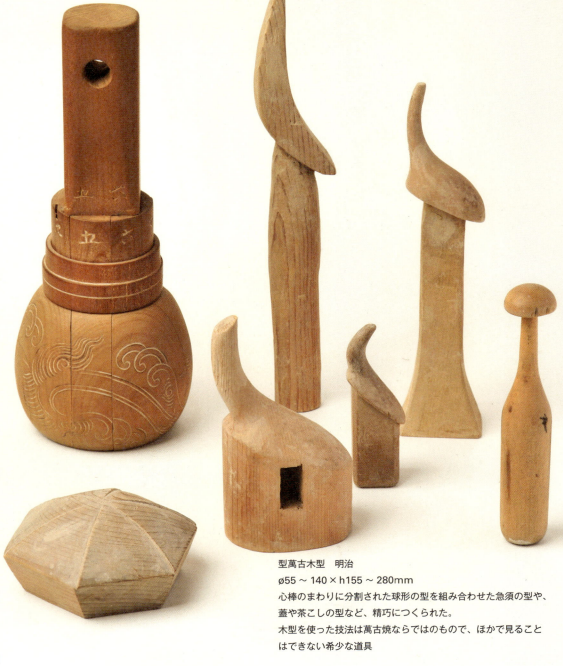

道具類

萬古焼をつくる際に使用した道具が今も多く残っている。そのなかでも江戸時代に森有節が考案した、急須の木型がその代表と言えるだろう。新しいものをつくり出したいという熱意から生まれた道具からは、萬古焼に関わった陶工たちの思いや姿勢が伝わってくる。

型萬古木型　明治
ø55 ~ 140 × h155 ~ 280mm
心棒のまわりに分割された球形の型を組み合わせた急須の型や、蓋や茶こしの型など、精巧につくられた。
木型を使った技法は萬古焼ならではのもので、ほかで見ることはできない希少な道具

シルクスクリーン　昭和　w270 × h25 × d330mm
陶器用のシルクスクリーン。色ごとに版を分けて色付けを行う

急須台　大正~昭和　w240 × h50 × d200mm

石膏型　昭和　ø230 × h60mm
カップのハンドル部分の石膏型

手ろくろ　大正〜昭和　ø570 × h470mm
急須のような小品をつくる際に、職人が使っていた手ろくろ。
中心部は使用頻度が高く、摩耗して削れてしまうため、補修しながら使用した

キャリー鉄かご　昭和　w690 × h200 × d470mm

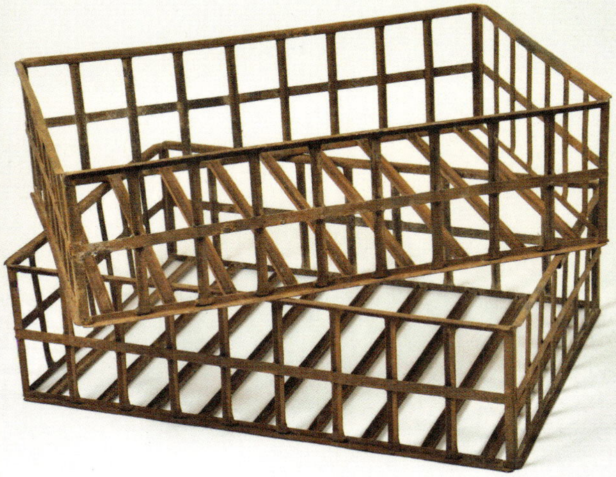

鉄製皿乗せ台　昭和
w260 ～ 290 × h290-330 × w220mm

木函コンテナ　昭和　w720 × h315 × d460mm

フリーカーブ（乾燥台）　昭和　w700 × h1050 × d400mm

産業としてのやきもの　型をめぐって

小泉誠（デザイナー）×内田鋼一

日本全国の産地を訪れ、生産の背景と関わりながら、
空間を含めた生活道具のデザインを行う小泉誠と、
プロダクトを量産するためのツールである型から思考を広げ、
生産者と協働する際のデザイナーのあり方、ものづくりの可能性について語り合う。

萬古急須の木型

内田鋼一（以下、**内田**）　江戸時代から昭和初期ぐらいまでの萬古焼には、ほかの産地では見ることのない、木型を使った急須があります。現在は、産業的にはほとんどつくられていないのですが、すごく珍しいもので、その木型をミュージアムでも展示しようと思っています。木型自体もものとしての魅力がありますよね。

　プロダクトの世界では、さまざまな素材の型を使ってものを量産していると思うのですが、小泉さんがプロダクトをデザインするときに、型というものをどのように捉えているのか、またこの萬古焼の木型を見てどう思われるのか、まずお聞きしたいです。

小泉誠（以下、**小泉**）　型は、同じ大きさのプロダクトを複数つくるために必要なものですよね。これまで僕は、やきもの、鉄、真鍮《しんちゅう》、錫《すず》、ガラス製品など、型を必要とするデザインをいくつかしてきましたが、型を考える前に必ず、工場に行くようにしています。実際の生産現場の人たちと話をし、これまでの仕事や型のサンプルなどを見ながら、その工場でできることを、コストや価格帯と合わせて検討していきます。

　この萬古焼の木型は、とても精巧につくられていますね。型のまわりに土を巻きつけた後、小さく分解して内側から取り出せるようにしたところなんか、ものづくりの根本的な理由があって、すごく面白いです。これが使われなくなった理由はどんなところにあるのでしょう。その後、もっといい手法ができたからなくなってしまったのでしょうか?

内田　この木型はもともと中国の技術から来ています。萬古から派生して秋田の一部にも伝わっていったのですが、今はほとんど残っていません。その木型でつくられた萬古の木型急須は、急須の内側にも外側にも模様が入

るなど、鑑賞的な要素が強く、つくるのに手間がかかります。だから、それよりも安価な常滑の朱泥や、四日市の紫泥（P12）のような急須が出てくると、そっちにシフトしていったのでしょう。また、この組み木のような型がつくれる技術者がいなくなったということもあります。

小泉　現在、やきもので使う型はどんなものが多いですか？

内田　ほとんどは石膏型ですね。やきものの生産者は、本当にたくさんの型を持っています。商品のサイクルが終わってしまうと型だけ残ってしまうんです。今見れば、まだ再利用できるものもあってもったいない。新しい型をつくるのにはお金が掛かるし場所も取るので、昔の型を再利用して何か新しい商品をつくることもできるんじゃないかと思っています。

小泉　金物メーカーでは、型の再利用を結構やっています。木型が30万するとしたら、金型は高くて300万ぐらいするので、大事に取っておくんです。実は、我々が手がけたプロダクトの中にも、既存の金型を使ったものがあります。デザインしたものに近い金型を使うなど、工業製品では型を流用するっていうのは当たり前になっているんです。

　また今後、もしかしたら3Dプリンタを使って、型がなくてもものがつくれるようになるかもしれないですよね。コンピューターで原型もできるし、そのまま焼けばうつわになっちゃうという時代になりつつある。それは新たな技術としてありだと思うんですよ。

内田　そうですね。ただ、むやみにものをつくる時代はもう終わりだと思うんです。だから、こういった萬古焼の木型が、今後のものづくりのヒントになっていけたらいいなと思っています。例えば、この木型をもとに六角形の土鍋や袋もの[*1]もできますし、木製の型を使用しなくても、型萬古の技術を応用して均等な厚みの生地でつくってみるなど、発想の転換はいくらでもできる。

　また、つくる側も「型は量産の道具」だと軽視している部分があるんじゃないかな。でも、この木型を使ったほうが、断然時間が掛かるんですよね。僕らが使っている電動のろくろだって、量産の道具と言えると思いますし、考え方次第です。

産地をどう見極めるのか

内田　いろいろな産地の生産者の話を聞くと、デザイナーの人たちとものづくりを行うと新しい頭脳が入って面白いんだけれど、コストが割に合わないということが頻繁に起きているみたいなんです。そのほかにも、商品になるまでのリスクや、強度や形状からくる耐久性、やきものの場合だと焼成の際にひずみが出やすいなど。現実的じゃないものも、たくさんあるようなんですよね。

小泉　柳宗理[*2]さんが活躍された時代、1950年代ぐらいのデザイン壮盛期の人たちは、生産者と向かい合える時間もあったし、産業のため、社会のためにという図式があって邁進できました。ただそれ以後、すべてのスピードが速くなっていき、デザイナーも忙しいからと現地に行ってじっくり吟味することを疎かにした時期があるんですよ。そうすると、面白さや工夫のある思想があっても現場を見れていないから、頭でっかちのものづくりになってしまう。できたら面白いのかもしれないけれど、すごくつくるのが大変だったり、お金が掛かったり。正直、ものづくりの現場はそのようなことが多かったので、

＊1　袋もの
花瓶や土瓶、徳利のように、肩をかかえ込んだ形のやきもの。

＊2　柳宗理
1915年東京生まれ、2011年没。インダストリアルデザイナー。実父は柳宗悦。キッチンツールや家具、照明など、戦後のプロダクトデザインを牽引した人物。

工場へ行くと、デザイナーがいかに信頼されていないかをいつも目の当たりにしました。それが本当にいいものづくりなのだろうかと、すごく疑問があったので、僕は毎回必ず現場に行って、話し合いながら顔を合わせてやっています。

内田　ただ現場に行っても、その見極めができる人とできない人っているじゃないですか。そこにどれだけ足を突っ込めるのか、そのことにとことん興味があって好きでいられるか。それで大きな差が出ると思うんですよね。日根野作三（P192）さんのように、素材や技術、地域性などをある程度理解していかないと、その産地の最大限のポテンシャルを引っ張り上げるような見極めができない。大量生産だけれど、ただ単に消費されていくものではない、ある意味、普遍的なものをつくっていくというのが大事なのかもしれないですね。今は生まれてくるスピードより、消費するスピードのほうが早いですから。

小泉　そう思います。ただ、今の世の中での普遍ってなんだろうって思ったときに、どう答えていくかですよね。今多くの人が普遍を求めているか、っていうと求めていない。それは困ったことだなと思います。

　プロダクトの世界も、特に型でできる合成樹脂製品[*3]なんて本当にすごい量ができて、あっという間に消費されていく。リサイクル可能だと言いながらも、本当にどれだけリサイクルされているのか疑問です。

内田　特に安ければ安い製品ほど、消費者はリサイクルのところまで考えて買っているのでしょうか。実は僕が住んでいる四日市市では、来春からゴミ出しの分別がなくなるんです。四日市市は公害があった地域なので、モデルケースと言われるぐらい分別が厳しかったのに、ビニールも生ゴミも一緒でよくなる。

小泉　炉の性能が上がったから、全部燃えちゃうんでしょう。

内田　そうなんです。すべて焼いてしまえるらしいんですよ。燃えて残ったものをリサイクルするのかもしれないけれど、ものの命として考えると、また別の全然別のものに変わってしまいますよね。そうなると、リサイクルやものに対する意識も変化していくと思います。

小泉　デザインをしていると、なんのために我々はデザインしているんだろうかと考えざるをえなくなるんですね。ものをつくっている人は、みんなどう考えているのか。僕はいろんな人に聞いているんだけれど、間違ったデザイン教育のおかげで歪んでしまっているんです。例えば、社会のためとかユーザーのためとか。その理由を聞くと、ユーザーのためにつくることが売れることに繋がるからだと答える。デザインが商業と連結してしまっているから、そう納得せずにはいられない教育現場になっている。

　でもユーザーが何を求めているかなんて、結局わからないわけだから。日根野さんや僕の尊敬する柳さんもそうだけれど、「生産者と何をするのか」ということをすごく誠実に考えなくちゃいけない。僕らが生産者とまじめに向き合っていかないと、結局やらされる作業になってしまい、売れなきゃそれで終わりでしょ。つくりたいという気持ちを、ものじゃないところで共通認識として持ちながら、お互いにとってプラスになる仕事がしたいなって僕は思っているんです。

内田　そうですね。日根野さんもただ単にデザインの仕方を教えていただけじゃなくて、それよりもっと生産者の意識とか、どういう立ち位置で取り組むべきであるとか、どうやって自分の考えをブラッシュアップして仕事

＊3　合成樹脂製品
主に石油を原料として製造される製品のこと。プラスチック。

「BANKO archive design museum」の現場に足を運び、確認を行う小泉

に繋げるかとか、視覚的なデザインというより、もっと動きから学ぶデザインっていうのを指導していたんだろうと思います。つくることに対しての向き合い方を、教育者が身をもって見せるのが本当の教育なんじゃないでしょうか。

小泉　頭ごなしに教えるんじゃなくて、生き様をどう見せるか。デザインのコンセプトはこう、みたいなことじゃなくてね。どこまで興味を持てるか、面白いと思えるのかも大事だしね。

ものづくりの原点

小泉　内田さんのように、一個一個、自分の手から生まれるやきものというのは、プロダクトという領域とは違うじゃないですか。そこに、僕らデザイナーにとっていちばんのジレンマがあります。僕は作家ではないので、自分の手ではつくれないし、つくる瞬間に起きるハプニングを想定してデザインをすると、嫌らしいものになってしまう。クラフト[＊4]と工業デザイン[＊5]の違いについては、ずっと考えているんです。

日根野さんの「工業デザインは徹底的な機能追求を目的とする西欧的合理主義の理論に立つべきであるのに対して、クラフトは融通的な日本風機能の考え方を主とする。クラフトも勿論機能的であるべきだが実際には、機能プラス感覚的機能を重視する。」（日根野作三『20cy後半の日本陶磁器クラフトデザインの記録』光村推古書院、1969年※）という言葉は面白いですね。乱暴に「ものを壊して割ったときに同じものができないのがクラフトで、同じものができるのは工業製品だ」と言う人たちもいます。

内田　でも工業製品だって、突き詰めたら全部同じではないはずですよね。ものの概念はつくる数によって変わってきます。僕が職人をやっていたとき、同じサイズの植木鉢を1日千個に近い数つくっていましたが、それはすべて一緒のものとして扱われました。ある意味、数の概念というのは、大量の数をつくると同一のものとしてその数字の中に入ってしまう。けれど、今ひとりで作家としてつくる行為も、そのときとまったく変わらないんですけれどね。

小泉　植木鉢をつくっているときと、作品をつくっているときの精神状態も一緒なんですか？

内田　あんまり変わらないですね。大量に数をつくる作業をしているときは、なんにも考えずにつくっているから、一個一個魂を込めてというのはまったくないです。ものすごく合理的に、湯のみをひとつ何ストロークで形にするかという、一定のリズムでつくっていく。手元をあまり見なくてもできてしまうので、調子が出ない日も数をこなしていくとアイドリングみたいに慣れてくるんですよ。そして、ものがどんどんできてくると、精神的に安定するんです。

小泉　音楽が生まれるときみたいなものなのでしょうか？　鍛錬していくなかで、日々演奏するのと同じように日常から生まれてくる。

内田　慣れって良くないことと言われるけれど、逆にリラックスしてなんの思いもなく、力が抜けておおらかな気持ちでつくっています。楽しいということも考えないし、淡々と。そうして焼けてできたもののほうが、結果的に肩の力が抜けていて良いものになったりもするんですよ。

小泉　でも客観的に見ると、内田さんのつくるものには、

＊4　クラフト
手仕事による工芸品。日根野作三は著書（※）でクラフトを「手工を主とし近代感覚をもった現代の生活用具」と定義している。

＊5　工業デザイン
インダストリアルデザイン。家具やカトラリーなど工業製品の分野で性能と美しさの両面から工夫されるデザイン。

tetu tape cutter　w118 × h45 × d112mm
岩手の生産者とつくった南部鉄のテープカッター。南部鉄器は砂型を用いてつくられる

すごく心惹かれるものがあるわけじゃないですか。初めて作品を見たときにも感じたけれど、誰もが表現していないような質感や表現がそこにある。それは意識してやっているのですか？

内田　両方が混在していますね。こういう素材を使えばこういう表情になるというのは経験値でわかる、と同時に偶然もあります。積み重ねの副産物というか。僕はテストをほとんどしないので、釉薬がズルっと落ちちゃったり、失敗することもある。その失敗作をよくよく見てみると、釉薬が染み込んでいる部分の質感だけはいいなと気づく。そう思ったら、そこを生かしたものに次回挑戦してみたり。

小泉　それはつくっている現場で起きているんですよね。そこで良い悪いをジャッジできる目があるからこそ、次に繋げられる。そう考えると、つくり手の強さというのは、つくる瞬間というよりもその背景にあるのかもしれませんね。技術がどうこうということじゃなく。

　内田さんは萬古焼も含め、古いものをかなりコレクションしていますよね。あれを見たときに僕は、これが内田鋼一の強さなんだって思ったんです。僕らだっていくつか古いものは持っているけれど。徹底的に蒐集していて、その深く掘り下げていく様には、圧倒的な強さがあります。

内田　古いものならなんでもいいという訳ではなくて、結構選んでいますよ。古いものを見ていると、これは何に使うんだろうって思うものも多い。でもその理由を知ると、すごく理にかなっていたり、考えつくされていたり、作者の思いとか、いろんなものが盛り込まれている。そういうものがいろんなことを教えてくれるんですね。

小泉　でも、古いものの写し*6はあまりやっていないですよね。写しではないオリジナリティみたいなところはどう意識しているのですか？　僕らデザイナーには、写しに対する工芸家の意識というのがわかりづらいので。

内田　古いものから影響を受けていると思うけれど、それをそのまま写そうとは思わないんですよね。それより僕は、自分がいいと思うものをつくった作者に見せても恥ずかしくないものをつくりたい。あの世で、面白いものをつくったなとか、馬鹿にされてもいいから、同じつくり手として勝負していきたいって思うんです。

　工芸のなかでは、本歌取りや写しなど、尾形乾山《おがたけんざん》*7ら先達が写しをしていたこともあり、正当化する歴史があります。京都の清水焼《きよみずやき》*8には、ほかの産地の特徴を取り入れた京信楽、京備前、京唐津などもありますし。どうやったらこういうものができるんだろうと、すごく敬意をもって写しをやるのはいいことだと思います。

小泉　本当にいい写しっていうのは同じものにはならないからね。琺瑯や金属のものをやきものでつくった萬古焼の代用陶器も写しの範疇に入ってくるのでしょうか？　やきものでつくった洗面器なんて、琺瑯と同じように縁に青い線を入れているのはすごく笑えるし、面白いですよね。

内田　代用陶器は、社会的に困った状況になって生まれてきたものです。でも、金属や木のものがあるならやきものでもやってみよう、というたくましさや洒落心があった気がします。代用陶器を見ていると、木型もそうですが、やきものの可能性が広がってきますよね。世界中の代用品ばかりを集めた企画展も、ぜひミュージアムでやりたいです。

小泉　見たことがない人も多いので、面白いと思います。

内田　ほかの美術館や博物館などでは取り扱っていない、

＊6　写し
過去の陶磁器を写して作陶したやきもののこと。陶芸界で写しは、古典への解釈と理解される。

＊7　尾形乾山
1663年京都生まれ、1743年没。江戸時代を代表する陶芸家、絵師。尾形光琳の実弟。京焼の伝統を踏まえながら、琳派のデザイン性を取り入れた独創的な作風で人気を博した。

＊8　清水焼
京都で焼かれる陶磁器。桃山時代より生産が始まり、清水寺の門前で焼かれていたことからこの名がついた。優美な色絵や染付などで知られる。

「kaico」ケトル　w220 × h195 × d155mm
小泉がデザインした「kaico」は、東京と三重の生産者とつくった琺瑯の鍋シリーズ。既存の型を利用してデザインされた

こいずみ・まこと
1960年東京生まれ。デザイナー。原兆英・原成光に師事した後、90年Koizumi Studio設立。カトラリーから建築まで生活に関わるすべてのデザインを手掛ける。2003年にデザインを伝える場として東京・国立市に「こいずみ道具店」をオープン。日本各地の生産者との協働を行う。「BANKO archive design museum」の設計を担当。

産業としてのやきものを知れる場所というのは限られていますから。価値が既に認められている古いアンティークや美術工芸品とは違う、高尚でない、もっと身近なやきものとして伝えていきたいです。やきものだけでなく、木型をはじめ、そこで使われた道具類も展示したいと思っているので、異業種の人でも興味を持ってもらえたらうれしいですね。

STYLING

PART2

萬古焼のしつらえ

明治～昭和時代の萬古焼には、現代の暮らしにすぐ取り入れられるようなデザインのやきものも数多くある。ここではそんなうつわを使って、さまざまなシチュエーションのしつらえを提案する。

スタイリング　高橋みどり

煎茶のしつらい。錆膳と錫の茶入れに合わせ、紫泥の萬古急須と掛分煎茶碗を使って、落ち着いた色合いでまとめた。文人に思いを馳せながらいただきたい

新緑のような鮮やかな緑色と、
向日葵をイメージさせる明るい黄色。
うつわの色を楽しみながら、休日のブランチはいかが？

ブランチのしつらい。白ワインとともにピクルスとチーズをいただく。ハッとするような黄色の皿は、食卓の雰囲気を一瞬で明るくさせる

ブランチのしつらい。緑色の皿は、レモンの黄色をより一層引き立たせる。目にもうれしい色の組み合わせは、幸せな気持ちになる

使い込まれて味わいを増した煎茶碗。
きめの細かい肌の質感を感じながら、お茶をいただく。
午後の、ほっとするひととき。

ティータイムのしつらい。黄釉の茶托に白泥煎茶碗を乗せて、
煎茶をお菓子とともに。午後のゆっくりとした時間を過ごすのに、ぴったりの組み合わせ

朝の食卓のしつらい。青釉の蓋物にアスパラのおひたしを盛りつけて。青色と緑色が、朝の清々しい空気を感じさせるような一皿

青釉のカップを使い、ジンジャエールにミントを添えて。暑い日には、氷を入れてすっきりとした飲みものを。カップの青色が見た目にも爽やか

夏の日に、カランと氷が音を立て
カップの青色とともに、涼しさを運んできてくれる

緑釉の菓子鉢にお菓子を盛りつけて。可愛らしい椿の花が描かれた鉢もマカロンも、だれもが心躍らせる組み合わせ

たかはし・みどり
スタイリスト。1957年東京生まれ。
主に料理本のスタイリングを手がける。著書に『わたしの器 あなたの器』（KADOKAWA）、『私の好きな料理の本』（新潮社）、『伝言レシピ』（マガジンハウス）などがある。

P E R S O N

PART3

萬古焼のキーパーソン

萬古焼の発展には、何人ものキーパーソンが関わり影響を与えてきた。
そのなかでも、萬古の土地の出身ではない、古美術評論家・秦秀雄と、陶磁器デザイナー・日根野作三の働きは大きい。昭和初期、ふたりが萬古焼にどんな影響を与えたのか、くわしく取り上げる。

日根野作三のデザイン帖より

◉萬古焼のキーパーソン

秦秀雄と春山、秦山の急須

北大路魯山人経営の高級料亭「星岡茶寮」の支配人を務めた、古美術評論家・秦秀雄。骨董を極めた彼は晩年になって、それまで誰も評価をしていなかった、身辺の雑器に目を向ける。そのなかでも特に愛したのが春山、秦山の萬古急須だった。

春山　手捻り急須　ø80 × h80mm

手捻り急須（P164）の「春山」の印

春山　手捻り急須５種　ø60 ~ 90 × h50 ~ 110mm

右──春山　手捻り宝瓶　ø85 × h65mm
左──春山　手捻り急須　ø70 × h80m

急須（P169右上）の「秦山」の印
秦山　急須10種（P169）　ø70 ~ 90 × h50 ~ 85mm

秦山　櫛目急須　ø90 × h55mm

秦山　糸目急須　ø75 × h55mm

秦山　後手急須　ø70 × h50mm

秦秀雄による掛け軸「眉毛在眼上　珍堂」。珍堂とは秦の号
「目の上には眉毛がある」。曹洞宗を開いた道元禅師の言葉「眼横鼻直」と同様、
あたり前のものをあたり前に見て、まっすぐな心で生きていくという意味

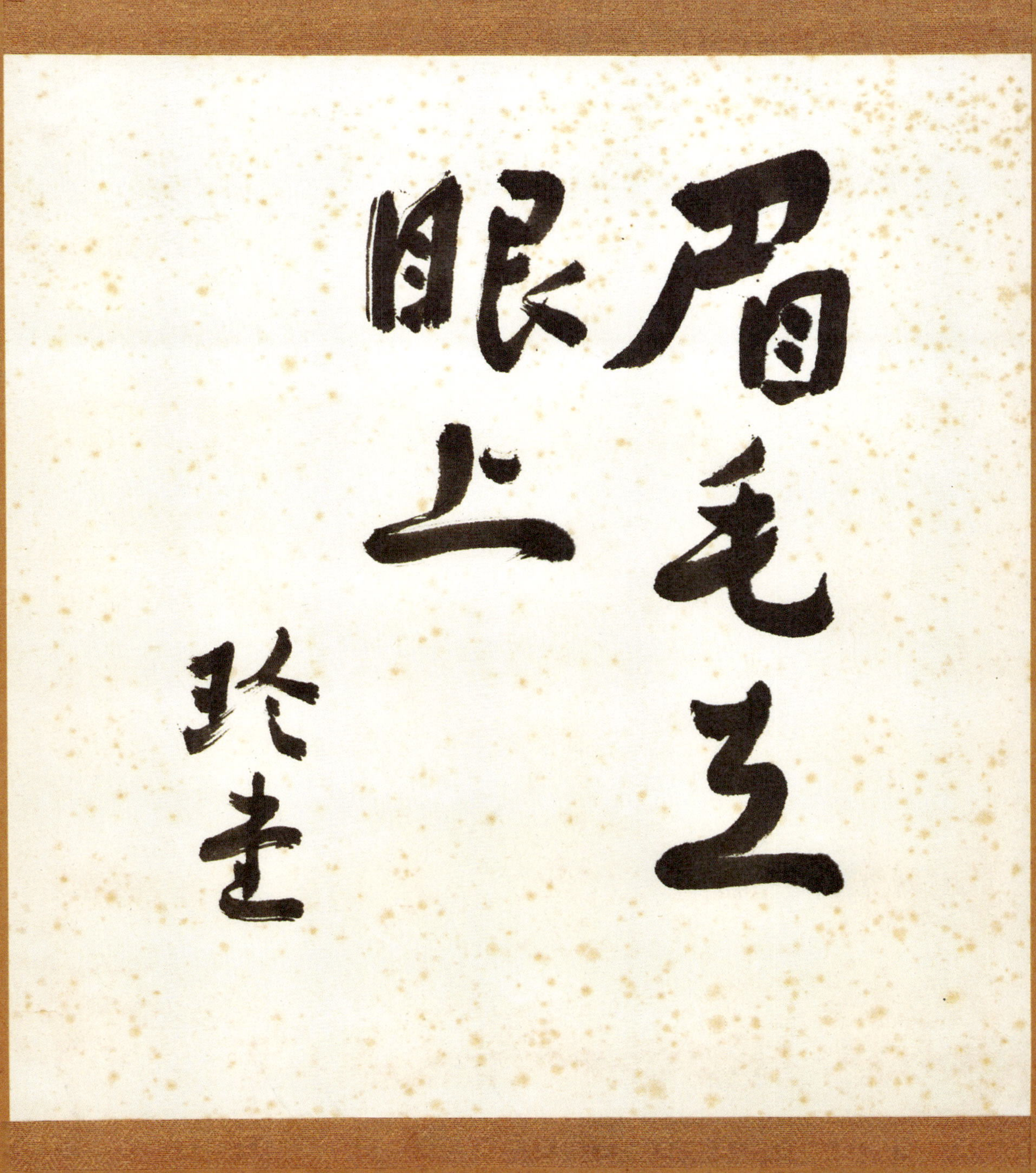

凡器のなかにある美

秦秀雄は、井伏鱒二の小説『珍品堂主人』のモデルであり、陶磁や古美術の鑑定・鑑賞を行った目利きだ。天平時代の古美術品や藤原古陶の一品を見分ける目は、白洲正子も「近来稀に見る目利き」と書いている。昭和初期に、柳宗悦の民藝運動、青山二郎から朝鮮（李朝）を、倉橋藤治郎から唐津を、北大路魯山人から瀬戸と、鑑賞界の巨人たちに学び影響を受け、古美術の研究と鑑賞の会を主宰などしながら、それまで美術品として鑑賞されてこなかった、藤原古陶への探究を行った。

そんな秦は、やきものを実際に使い楽しむことを推奨した。「やきものは見せるため、誇るためのものではない。見るため、使うため、に愛するものである。［…］一見愛くるしい実用品を身辺に揃えて日常を豊かにすべきだ」[*1]。そのため、日常に使うやきものにも心を配っていたが、10年20年と探し求めてみても、これという急須に出合えずにいた。秦は大変な煎茶好きであり、急須茶碗に凝っていたが、急須の佳品には巡り合えない。そんななか、なんでもない日用品としてあった安価な萬古急須の中に、佳品を見つけ出す。「そうして平凡至極の万古の急須に取り替えてしまった。理由はなんでもない。単純至極のこと。万古の急須にこよなき美しい姿と愛くるしい色目を見たからである。その上もう一つ、それは万古のほうが、中国製の朱泥の古作にくらべてどんなにか使いやすいからである」[*2]。中国朱泥の急須や、備前徳利、奥高麗の茶碗といった名品にひけを取らない美を凡器のなかに見出し、使い続けることで生まれる姿にも賞賛を述べた。「明治の安物万古の急須はこしらえたものではなく、しぜんに生まれ出たといっていい明治の焼き物のみごとな開花であった。しかも使えば使うに従って変貌し、漆を塗ったようにみごとに光り輝いてくる。十年常用して万古は万古の面目を発揮し、日用品が絶妙の美術品としてよみがえる。安物、下手物の急須の内包する価値は、けっして世にいう名のある名陶、名人の作品に劣るものでないことを信ずるのである」[*2]。

春山との出会い

しかし、そうした明治萬古への絶賛の声とともに、秦の生きた戦後の萬古急須については、厳しい発言もしている。「戦後入用になって葉茶屋に買いに行ってびっくりした。すっかり形が変わりその色目までぴかぴか光ってあだ光りが不気味で、目をそらしたいばかりの品々ばかりであった」[*3]。当時の萬古急須に落胆し、手に入りづらくなっていた明治の萬古急須を、秦は全国の道具屋で探し求めていた。そして、いい急須づくりを行う者はいないかと四日市の急須問屋・各治の主人、山本将子に尋ねる。するとそれから数年後、秦のもとに萬古急須が届く。「それは明治の急須にさへ見受けられない見事な出来ばえであった。胴も注口も把手も蓋さへもみんな手作り入念の作である。何という渋くて沈んだ茶褐の色彩だ

＊1　秦秀雄『暮しに生きる骨董の美』（社会思想社、1968年）より
＊2　秦秀雄『見捨てがたきもの　身辺の雑器』（文化出版局、1971年）より

ろう。そうしてくりくりと太った丸まっちい胴体、自然ですなほな膨らみはとても人巧品とは思えぬような成熟した果物の如き容姿を示している。短くてまっすぐな注ぎ口、それに短かくて喇叭形に開いた把手、ともにあるべきところにあるべき形でおちつきのある安定した姿でととのはれている」[*4]。これを見た秦はすぐに各治に電話を入れ、いてもたってもいられず四日市市へと向かう。

その急須の作者が、笹岡春山だった。当時46歳。父である初代春山に継いで手捻りの急須を手がけており、もともとつまみに獅子、狗犬、猿など彫物をつけた精巧な急須をつくっていた。しかし、あるときから自らがつくりたいものをつくり始める。それが、秦の目に留まったのだ。「見られよ。背の低いの。高い形のもの。胴に箆《へら》で削り取ったもの。竪《たて》に筋を入れたもの。蓋のつまみも様々。一つ一つ同じ形のものはない。一つ一つに工夫を凝らし一つ一つが創作ならざるはない。くすんだ地味な色合いは堅実な様相。注ぎ口は玄なればこそ出しゃばっておらぬ。把手は大ぎょうに太く長くはしない。不自然を嫌うのである。すべて一人の手作りによる」[*4]（ルビは筆者）。秦の春山の急須に対する思い入れはとても強く、身体の弱い春山を気づかい、ろくろで急須をつくることを提案した折、ろくろ急須については、自身の名前の一字をとり「秦山」と名乗るようにと申し出る。

秦はその後も春山（秦山）の急須を愛用し、多くの雑誌や書籍で紹介し続けた。その熱のこもった言葉からは、本当の美術品は暮らしのなかにあるということ。そして、自身の見る目を信じ、歴史が示す価値に溺れるなという強い意思を感じずにはおれないだろう。「秦山作はいかにも座辺常用品らしい親近の思いがする。そこには一点かざりものらしい匠気がない。骨董くささ、そんな影すらもありはしない。私はこの名もない一陶工が、万古急須史上類もない絶好の佳品をこしらえていることに雀躍せんばかりの喜びを感じた」[*3]。

＊3　秦秀雄『骨董玉手箱 その出会いと遍歴』（文化出版局、1978年）より
＊4　『民陶』昭和51年4・5・6月合併号（民陶社、1976年）より

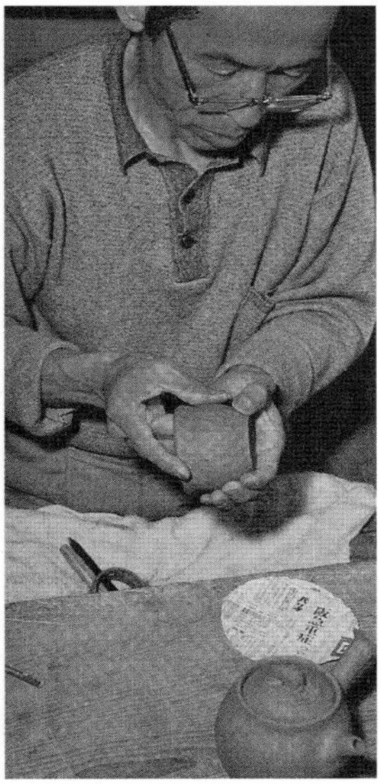

笹岡春山（ささおか・しゅんざん）
1930年生まれ、92年没。初代春山の長男、本名は一平。指先だけで成形する手捻りの急須は、素朴な作風で茶人に親しまれた。晩年、古美術評論家の秦秀雄に見込まれ、ろくろ引きの急須に限り「秦山」と命名された。

秦秀雄（はた・ひでお）
1898年福井県三国町生まれ、1980年没。中学卒業後得度して律師、釈円明と改名。上京して東洋大学倫理学科を卒業後、芝中学で教師を務める。そのかたわら美術雑誌『茶わん』を発行。1930年、北大路魯山人の知遇を得て星岡茶寮の支配人となる。その後、独立して東京・目黒に驪山荘を経営するが、7年でとじる。以後、陶磁そのほかの鑑定・鑑賞と探究、文筆を業とした。

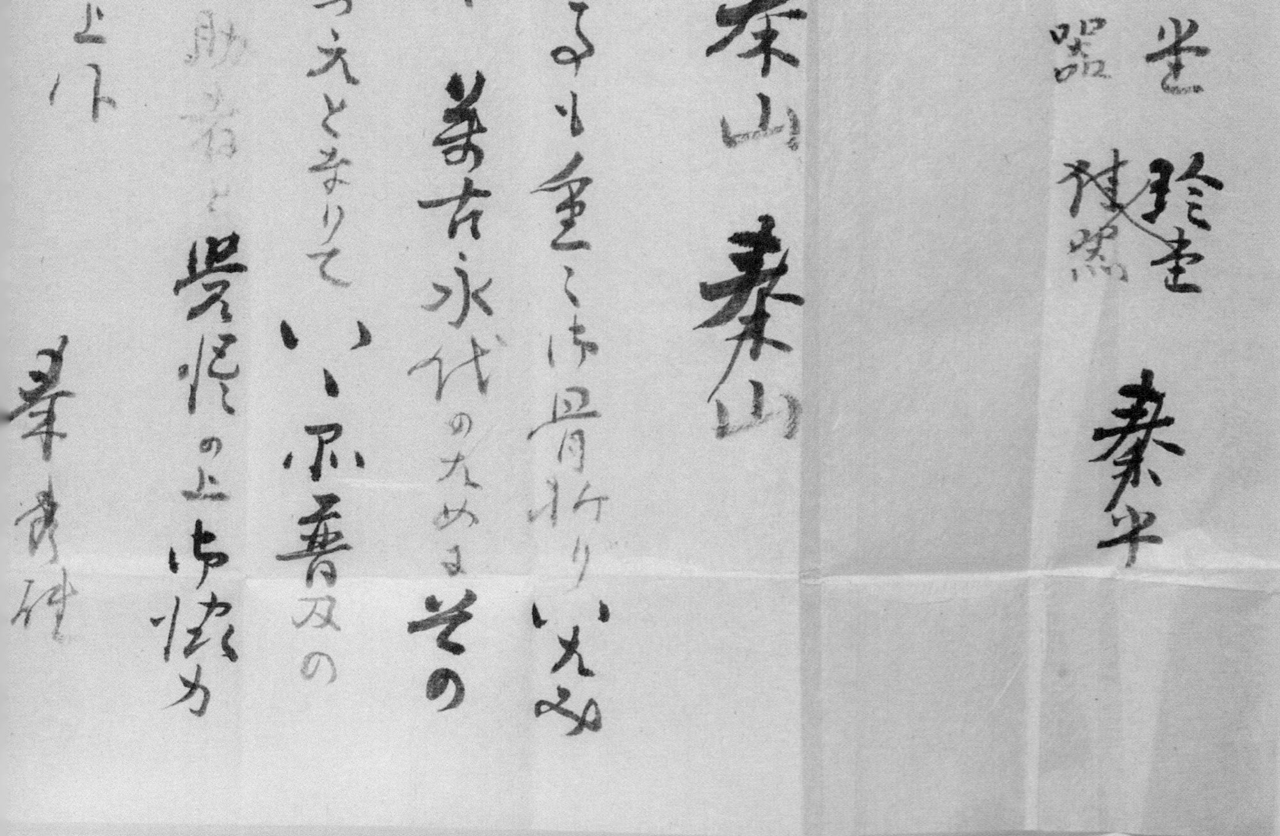
珍堂 珍堂 秦山
佳器 佳器
秦山 秦山 秦山
何よりも重く御骨折りいたゞき
示下 萬古永代のためまその
名づけとなりて いゝ不磨の
援助者と 異常の上御協力
申上候
草平

上──秦秀雄から各治・山本將子宛てのハガキ

秦が、山本に春山を紹介された頃のハガキでは「思いもよらぬいい作家にめぐりあえて嬉しいことです」とお礼を述べている

右──秦秀雄から各治・山本將子宛ての手紙

秦が、春山のろくろ引き急須を「秦山」と命名した手紙。「珍堂 佳器　秦山　　何事も重々御骨折りいたみ入候　萬古永代のためにその石づえとなりていい品普及の援助者と覚悟の上御協力願上候　秦秀雄　山本將子様」

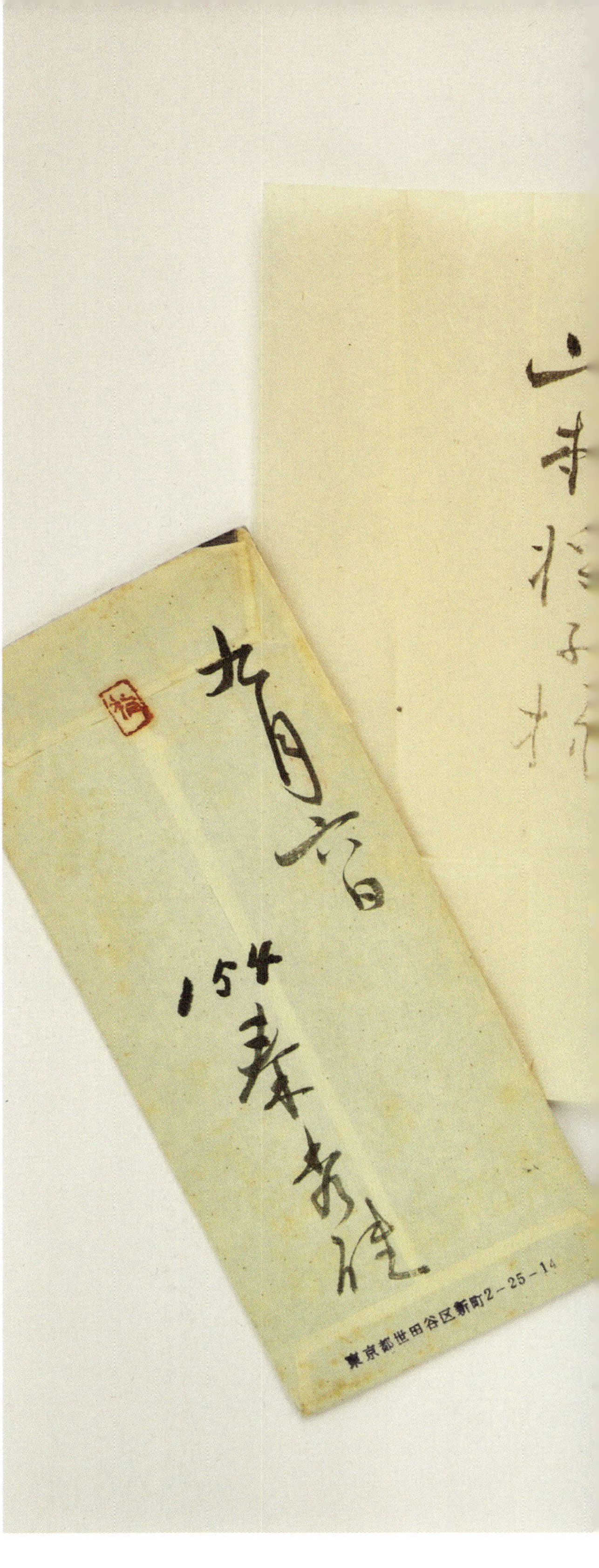

上──秦秀雄から各治・山本將子宛ての手紙
「秦山急須いつ見てもどれを見ても申し分なく見事の出来ばえこれぞ萬古急須史上第一の名人に御座候」「秦山さんの急須売れゆきいかが」など、秦山への思いを託した

下──春山による余技　獅子w35×h25×d20mm、粉引赤絵蓋置ø35×h25mm、緑釉蓋置ø40×h40mm

春山　手捻り急須　ø80 × h80mm
秦が筆で「萬古は秦山」「珍堂」と書き入れた急須

春山　織部手捻り土瓶　大ø110 × h130mm、小ø100 × h105mm

春山　色絵煎茶湯のみ　ø45 × h35mm
色絵湯冷し　ø75 × h40mm

秦秀雄と春山の萬古急須との出会い

山本將子、山本哲也（各治）×内田鋼一

使い込むほどに光沢を増し、手になじむ紫泥急須は、萬古焼を象徴する存在だ。四日市で工芸急須・茶器・茶道具の卸《おろし》問屋を営む「各治」のふたりに、煎茶と萬古急須をこよなく愛し、世に広めた古美術家の秦秀雄と陶工春山とのエピソードを聞いた。

急須専門の卸問屋が見てきた萬古急須

内田鋼一（以下、**内田**）　各治さんが扱っている急須は、すべて萬古焼ですか？

山本將子（以下、**山本**）　萬古急須を中心に、常滑や輸入の急須も扱っています。

山本哲也（以下、**哲也**）　急須でお茶をいれて味わう。この面倒だけど楽しい行為を伝えるのが我々の仕事です。デザインがいいものは他産地にもありますが、使うほどに肌合いが馴染み、味わいが増すのが萬古急須の特徴だと思います。各治の創業は1947（昭和22）年です。もともと四日市の坂部温泉「初の湯」という江戸末期創業の料理旅館をしていました。

山本　昭和10年代、萬古焼の窯の煙がぼんぼん上がっていたときは旅館も大流行りだったそうですが、戦後は商売が厳しくなりました。そこで昭和23（1948）年頃から本格的に急須の問屋業に乗り出したんです。「各治」の名の由来は、料理旅館の最初の屋号「各治楼」から取りました。

内田　山本さんは、料亭に嫁いだのですか？

山本　連れ合いは4人兄弟の末の次男でした。父親が亡くなったので兄から「自分は在所を切り盛りするから、萬古屋を頼む」と言われたそうです。私は坂部温泉の経営者に嫁入りしたつもりが、気がつけば萬古屋さん[*1]に（笑）。昭和30（1955）年のことです。

内田　当時、このあたりの問屋は何軒くらいありましたか？

山本　180軒くらいです。

内田　そんなに！　今はどうですか？

哲也　43軒です。ちなみに私がこの仕事を始めた平成2年の組合員数は、125軒でした。

内田　その中で急須専門の問屋は、どれくらいですか？

＊1　萬古屋さん
萬古焼業界の人たちのことを、地元では「萬古屋さん」と呼ぶ。

哲也　当時はまだ急須も主流でしたから、多かったですよ。うちは戦後の創業なのでまだ年月が浅いですが、戦前からずっと商いをされている問屋も多かったです。貿易も盛んで、半磁器のノベルティや大皿、蓋ものなどを扱っていました。今は急須メインの問屋さんは少なくて、うちを含めて5軒くらい。昭和40年代は20軒ほどあったんですけれど。

内田　それだけ職人もやきものメーカーも減ったのですね。

哲也　メーカーは今、70軒くらいです。

内田　昭和初期には、大八車《だいはちぐるま》*2で四日市市坂部の坂をやきものを積んで登っていたそうですね。行きは下りだからいいけど、帰りはほかの匣《さや》*3を積んでいたので坂を登るのが大変だったとか。

山本　昭和30年代までは、藁で包んで出荷していました。窯元に窯詰め専門の人がいるように、問屋には必ず藁小屋があって、専任の荷造り師さんがいましたから。

哲也　子どもの頃、藁小屋に入り浸っては、束ねた藁をひものようにして急須と急須の間に巻きつけていく竿《さお》の作業姿に見入っていました。

山本　上手な人は、海苔巻きみたいな大俵をつくっていましたね。犬を連れたおじいさんが当時の国鉄の窓口まで運んでくれて、朝は他所《よそ》から来た荷物を置いていってくれていました。今で言う入荷と出荷の運搬業さんですね。

哲也　やがて、急須を6個ほど一緒にビニールひもで縛ってカートンに入れる出荷が始まり、昭和50（1975）年頃には、1個ずつ小箱に入れるやり方に代わりました。

内田　小売店が小箱を希望したのですか？

哲也　というより、竿の作業ができる人がいなくなると同時に、竿で送られても扱えない人が増えたのが理由です。小箱の方が扱いやすいし、商品管理もしやすいから。

内田　需要も増えたのですね。

哲也　常滑と比較すると、萬古のほうが大量につくって安くするというケースが多かったですね。

萬古の紫泥と常滑の朱泥

内田　萬古と常滑の急須では、生産数の比率はどのぐらいですか？

哲也　現在は常滑のほうが多いでしょうけど、差は縮まってきていると思います。それより前の時代は、圧倒的に萬古のほうが隆盛を誇っていました。

内田　えっ、それは意外です。

山本　今でこそ急須は常滑が主流になってきていますけど、昭和30年代は、細かい茶こしができるのは四日市の萬古というので、常滑からわざわざ技術を教わりに来ていたそうです。でも徐々に常滑が優勢になってきたのは、派手さがあったからだと思います。

内田　確かに、萬古は地味だったのかもしれないですね。常滑は、練込み*4や彫りなどの細工もあったし。

山本　ここ数年、安っぽい色づかいの他産地の急須が増えてきたので、それよりは昔の萬古急須のほうがいいと言われるお客様も多くなりました。当時の萬古は、つくりが多少悪くても売れるからいいじゃないかというおごりがあったのでしょう。昭和40（1965）年頃の常滑急須の多くは、全部ろくろ引きの手づくりで、きれいで質の良いものでした。萬古急須より2～3割も値段が高かったけど、高度経済成長期でもあったのでよく売れました。使い勝手のいい萬古急須を持っている人も、嫁入

*2　大八車
江戸～昭和初期にかけて荷物の運搬輸送に使われた総木製の人力荷車。大型なので2～3人で引いた。

*3　匣
やきものを焼くときに、陶磁器を包み保護するための匣鉢《さやばち》のこと。

*4　練込み
異なる色の陶土を練り合わせ、マーブルなどの模様をつくる技法。

各治の倉庫から見つかったという、秦秀雄の選定急須と書かれた林檎箱。中には初代春山の急須や、二代目春山の手捻りの急須も入っていた

り道具として、色彩のある常滑の急須を求める人が多かったと思います。

内田　常滑の急須は江戸末期からだけど、萬古急須の場合、江戸から明治にかけての型萬古とはまったく別物ですよね。常滑を「朱泥*5」、萬古を「紫泥*6」と呼ぶようになったのはいつ頃からなのでしょうか？

山本　四日市の紫泥は、昭和48（1973）年頃から。常滑の朱泥はわかりません。もともとの萬古焼は、深いチョコレート色でした。常滑がカラフルな焼きものを朱泥として売り始めたので、四日市の萬古急須の色を紫泥と呼ぶようになったのでしょう。

内田　中国に朱泥や紫泥という呼び名があるから、常滑はそこから名づけたはずです。常滑はろくろの手引きだそうですが、萬古もそうですか？

山本　同じです。萬古のろくろ引きと言えば、陶芸家の二代目酔月《すいげつ》*7さんあたりが、陶山製陶所の職人として、ろくろを引いておられました。紫泥という言葉は、その酔月さんが昭和48（1973）年に、四日市市の無形文化財に選定されたときから使われ始め、広まりました。急須だけではなく、赤土のものを紫泥と呼んだのだと思います。

萬古急須を愛した秦秀雄との交流

内田　萬古急須に惚れ込んだ人物と言えば、古美術家の秦秀雄ですよね。

山本　主人が亡くなる少し前の昭和44（1969）年の春に『家庭画報』で萬古急須が特集されたんです。選者は秦秀雄とあって、4つの急須が皆、左手（左利き用）でした。まだ元気だった主人が「長年、急須屋をしてきたけどこんな急須は初めて見た」と驚き、私が代筆して出版元の世界文化社編集部に「ぜひ一度拝見したい」と手紙を書きました。5月頃に投函したのですが、なんの返事もないまま、8月に主人が他界。秋になって秦先生と「万古堂*8」のご主人がうちに見えて、「『家庭画報』で萬古の急須のことをお書きになった秦さんです」と。実は、あの写真は右手の急須を印刷時に反転させてしまい、裏手になってしまったのだと秦先生から事情を伺いました。「じゃあ、やっぱり右手だったのですね！」と思わず声が出て、仏様に報告したことがありました。

内田　その写真の急須は、普通の萬古急須だったのですか？

山本　よくよく見たら、うちで扱っている急須でした。秦先生は、「私はどんなときもこれです」と言われるほど萬古急須が好きで、率先して記事を書いておられました。主人が亡くなった後、萬古焼の頒布会グループができたようですが、うちは主人もいないし、急須専門の店だからお呼びもかからない。途方に暮れた私が秦先生に萬古急須の宣伝をお願いしましたら、『季刊銀花』の編集長をご紹介いただき、第3号で萬古急須の特集を組んでもらうことができました。井伏鱒二著『珍品堂主人』のモデルにもなった秦先生ですから、いろんな人に急須を頼まれるたび、うちで萬古急須を買ってくださいました。だんだん親しくなると、小屋の奥から昔の古い急須を探し出してこられては、「好い急須だ」とうれしそうにされてみえました。先日、倉庫から、秦秀雄先生の選定品と書かれた林檎箱が出てきたんです。先生好みの戦前の急須がたくさん入っていました。

内田　その箱には、どんな急須が入っていましたか？

山本　初代海藏庵春山*9の手捻りの急須のほかに、晩年、

＊5　朱泥
鉄分の多い粘土でつくる赤褐色の無釉陶器。中国の明代、煎茶の流行に伴って創始された。窯の中に酸素を送り、完全燃焼させる酸化焼成でつくる。

＊6　紫泥
自然の鉄分を多く含む粘土でつくる紫褐色の無釉陶器は、萬古焼のシンボル。窯の中の酸素をなくして燃焼させる還元焼成でつくる。

＊7　二代目酔月
1901年三重県四日市市生まれ、90年没。本名は源。73年、四日市市無形文化財指定を受け、後に四日市市文化功労者として表彰された。

＊8　万古堂
1967年創業。三重県四日市市にある古美術、陶磁器販売店。

＊9　初代海藏庵春山
1893年三重県四日市市生まれ、1965年没。本名は笹岡巳之吉。四日市市阿倉川の唯福寺の離れにて独学で技術を身につけ、春山を名のる。21歳で同市陶栄町に石炭窯を築窯。「手びねりの名工」と呼ばれ、多くの茶人に好まれた。

各治（かくじ）
1947年、三重県四日市にて創業した料理旅館「初の湯」の別部門として設立した卸問屋。萬古急須を中心とした工芸急須、茶器、茶道具など日本茶が引き立つ茶器の提案をする老舗。山本將子（写真中央）は1933年生まれ。次男の山本哲也（写真左）は1959年生まれで、萬古陶磁器卸商業協同組合の理事長を務める。

各治に飾られている、昭和20年代の萬古焼を紹介するポスター

秦先生が引き立てられた息子で二代目春山（P175）の急須もありました。

内田　初代春山のお子さんは何人いらしたのですか？

山本　長男の二代目春山（笹岡一平）のほかに、弟の基三さんと姉の千代子さんがいて、号を豊山と呼んでいました。豊山さんは、手捻り急須の素地をつくっては渡邉製陶所で焼いていました。良い手捻りでした。弟の基三さんは、素晴しい木の葉天目[*10]の天目釉ができたので、私が作家の登竜門と言われる銀座の黒田陶苑[*11]を紹介して、四日市の作家では初の個展を開いたんです。急須以外にも出しゃばって、萬古産地の陶芸家さんの宣伝もしていました。

内田　初代春山さんは、どんな方だったのですか？

山本　12歳で萬古焼の型おこしをやっている親戚の家に奉公に出てからは、誰にも師事せず独立されました。器用な方で、ろくろは使わず、指先だけでつくる手捻りで煎茶セットなどをつくっておられたと聞いたことがあります。昭和50年頃の毎日新聞の記事によると、どんなに自分が気に入った作品ができても展示会には出さず、細々と好きなものをつくり続けたらしいです。素朴な作風は茶人にも評判でしたが、なにせ体が弱い方でしたし、煎茶の衰退とともにその名前も聞かれなくなっていったそうです。

内田　一時期、弟の基三さんも春山を名乗っていたと聞いたことがあります。

山本　おふたりが同じ春山を名乗ったときは、秦先生に相談したこともありましたが、いつの間にやら、基三さんは春山名を使わないようになっていました。兄弟仲も良かったし、自分の手捻りの技術は兄にはかなわない、だから名乗るのをやめたと。秦先生には本当にお世話になりました。萬古会館ができて日も浅い頃に萬古急須分科会主催で秦先生の講演会を開かせていただいたときは、大勢の方々に集まっていただき、有り難かったです。振り返ると、私は萬古急須の宣伝係でした（笑）。

内田　山本さんのようなスポークスマンは必要ですよ。今は、そういう人がいなさすぎます。

秦が惚れ込んだ二代目春山

内田　春山さんの工房は、どんなところでした？

山本　萬古神社[*12]の前の通りにある30平米くらいの狭い工房に、アンプとチューナーがあってクラシックを聞いていたのを覚えています。クーラーの代わりに部屋に水を引いて室内を冷やすという、つつましい生活をされていました。私が工房を訪ねるようになったときも最初は距離がありましたけど、何度か足を運ぶうちに受け入れてくださるようになって、10本でも急須ができたら持ってきてくださいました。秦先生のおかげでもあります。

内田　秦さんは、春山さんの手捻りをどのように褒めていたんですか？

山本　手捻りが良いも悪いもおっしゃられなかった。ただその頃、春山さんが手捻りだと前屈みになるから胸に負担がかかるという話を聞かれ、ろくろ引きを勧められたんです。その急須を見られた先生は、「いい急須だ、いい急須だ」と喜ばれて、ろくろ引きの急須は秦秀雄の秦をとって「秦山」を名乗りなさいと言われました。

内田　それでろくろ引きを秦山、手捻りを春山と呼ぶようになったのですね。秦さんは手捻りを見て、ろくろでも良いものをつくるだろうという直感があったのでしょうか。

*10　木の葉天目
艶のある黒い釉薬がかかった天目釉の陶磁器の上に、自然に落葉した木の葉をのせて焼成し、模様を焼き付けたもの。

*11　黒田陶苑
1935年、東京・日本橋にて創業した現代陶芸と美術の専門店。創業時は北大路魯山人の陶磁器作品を専売していた。

*12　萬古神社
1935年に建立された四日市市陶栄町にある神社。萬古焼の創始者、沼波弄山が祀られており、毎年「萬古祭り」や「土鍋供養祭」が行われる。

秦秀雄による著作8冊。『名品訪問 生活の中の古美術鑑賞』（徳間書店、1962年）『暮しに生きる骨董の美』（社会思想社、1968年）『見捨てがたきもの　身辺の雑器』（文化出版局、1971年）「骨董玉手箱 その出会いと遍歴」（文化出版局、1978年）など、現在では手に入りづらいものも多い

山本　春山は名人だけれど、裕福じゃないのがわかっているから、「たくさんつくって売りなさい」と秦先生も骨身を惜しまず応援してくださって、自分の姓字から一字をとられたんじゃないでしょうか。

内田　秦先生自身の名前を入れているから、思い入れも相当だ。

山本　『骨董玉手箱 その出会いと遍歴』（文化出版局、1978年）というご著書でも、骨董の中に現役の春山さんを唯一紹介していたくらいですから。

内田　ろくろと手捻りの比率はどうでした？

山本　比率としては、どちらも1か月で30個ほどでした。

内田　心臓が悪かったことも影響しているのでしょうか？

山本　ろくろは気分が良いときしか引かなかったし、以前から春山さんは手捻りの急須ばかりおつくりになっていました。

内田　初代春山も手捻りだったからでしょうか？

哲也　どうでしょうね。盆栽鉢もよくつくっていましたし、煎茶道の先生に言われるのか、小さなお香立てや建水、たまに手捻りの茶碗とか茶器もつくっていたようです。

内田　先日、見せてもらった煎茶茶碗も可愛かったなあ。

山本　それは、初代春山の釉薬でつくったと言っておられました。

内田　春山さんは自分の気に入った土を使っていたと、秦さんの本か何かで読みました。ただ初代春山と二代目春山とでは、土が違いますよね？

山本　二代目は何か独特の砂っけのある土を使っていました。信楽の長石を入れるとか。初代のことはくわしくわかりませんが。

哲也　春山さんは、三重県立四日市商工業高校を出ているから、機械にも強かったんです。ただろくろ引きの急須は、バラバラの大きさなんですよ。

内田　エネルギー量が違うのかな。サイズごとに値段も違ったのですか？

哲也　大きいのも小さいのも一緒の値段。なぜこんなに大きさが違うのか尋ねたら、気分がハイのときは大きくなるみたいです（笑）。

内田　今は大きさが違うと、必ず値段を聞かれます。手間としては一緒だし、かえって小さいほうが面倒なんだけれど、これから急須は一律の値段にしようかな。気分がいいから大きくつくったけど同じ値段でいいと（笑）。

「秦山」命名に込められた想い

山本　内田さん、見てください。これが秦先生からの直筆のハガキ（P177）です。「秦山」と命名されたときの手紙（P176）もあります。もうボロボロだけどすごいでしょう。

内田　こんな貴重な資料、あるところにはあるんですね。秦先生が二代目春山さんの急須にここまで惚れ込んだのはなぜだと思いますか？

山本　通常の急須にはない、春山さんしかつくれない独特のものがあったからでしょうね。『骨董玉手箱 その出会いと遍歴』の中でも「そこへゆくと秦山作はいかにも座辺常用品らしい親近の思いがする。そこには一点かざりものらしい匠気がない。骨董くささ、そんな影すらもありはしない」「姿、形、色のよさばかりではなく、その工作上の作りぶりの自然で素直ないでたちは、これを見、これを使うたび、どれほど快気を催させられるか。

この急須の至妙の様相は現代の万古急須一千個を積み重ねても味わえはすまい。」と絶賛しておられます。すごい評価です。

内田　秦さんは、春山さんの急須をここで初めて見たのでしょうか？

山本　いいえ。秦先生に春山の急須を送ったら、「すぐに見に行きたい」と連絡が入ったんです。萬古の急須を雑誌等で紹介してくださっていた頃は、春山さんの急須は市場にほとんど出ていなかったので、知らなかったんです。昭和44（1969）年の『家庭画報』では、手捻りの急須は一個も取りあげていらっしゃらない。秦山のほうのろくろの急須のスッとした形が先生好みだったのでしょう。

内田　僕が春山さんを知ったのは、ある雑誌に四日市の人のやきものが載っているよと聞いて見てみたら、萬古の急須が載っていて。いい急須だなあと思っていたら、それが春山作だったんです。

めぐりあいに恵まれて

山本　「東の魯山人[*13]、西の半泥子」と呼ばれた川喜田半泥子[*14]さんが陶芸に専念されていた頃、「三重県にも萬古焼で海蔵庵春山というのがいてるんや、ものすごくこの人のものが好きや、手捻りは非常に良い」とＮＨＫのラジオで発言されたんです。初代春山のことですね。すると二代目春山が「半泥子が親父のことを褒めた」と、とてもうれしそうに話してくれたことがあります。初代のそうしたエピソードを誇りにしていたのでしょう。

内田　川喜田半泥子は、近代茶陶の作品の中で5本の指に入る人だと思います。値段が下がらないのもそうだし、みんな手放したくないから出てきたときの値段も上がる。そういう人が認めてくれたというのは誇らしいですよね。

山本　半泥子さんの陶芸は、時が経つにつれて評価が高くなる一方ですね。

内田　素人といっても素人の域を超えているし、プロがつくれるかというとつくれない。技術云々じゃなくて土の扱い、勢いも含めて、逆にプロだからできない。それが個性なんです。半泥子は、豪商の木綿問屋、百五銀行頭取をした人だから、財力もあって作家のパトロン的なこともしていたので目が肥えていたんですね。そういう人が、自分の親父である初代春山のものを見ていいと言ったというのは、自分もその流れを汲んだ仕事をやっているのだと、誇らしかったでしょう。

　山本さんと秦さんとの交流は、どのくらい続いたのですか？

山本　昭和44（1969）年秋から7〜8年くらいでしょうか。身長は170センチ、いつもハンチング帽をかぶり、眼鏡をかけていた細面の先生は、ダンディな方でした。

内田　秦さんと二代目春山さんはどちらが先に亡くなったのですか？

山本　秦先生が先に昭和55（1980）年に亡くなりました。二代目春山さんは平成4（1992）年に、陶栄町から小杉に工房を移られてから亡くなられました。秦先生がお元気なとき、私を白洲正子[*15]さんに会わせてくださると言っていらしたのだけど、行き違いになって実現しませんでした。それもまたご縁かなと。

内田　秦さんは、何個くらい急須を持っていたのでしょう。

山本　お宅にお邪魔したとき、応接間に畳一帖分の欅《けやき》机があって、その上に大きいのから小さいものまで各種、

＊13　北大路魯山人
1883年京都生まれ、1959年没。芸術家。魯山人の感性が行き届いた会員制高級料亭「星岡茶寮」にて顧問兼料理長を担う。美食を極めるうちに、食器を自ら制作するようになり、晩年にわたり作陶を行った。

＊14　川喜田半泥子
1878年大阪生まれ、1963年没。財界や政界で活躍する傍ら、北大路魯山人と並び、「近代陶芸の父」とも評されたが、陶芸はあくまで余技と生涯売ることはなかった。

＊15　白洲正子
1910年東京生まれ、98年没。文筆家。夫は白洲次郎。樺山伯爵家の次女として幼い頃より能に親しみ、青山二郎や小林秀雄など幅広い交友を持つ。銀座で染色工芸の店「こうげい」を営んだ。

先生好みの急須が並べられていました。戸棚がないから、いつも20数個ほど並べて、そのときの気分で使われていたみたいです。当時、秦先生は73歳。山積みの原稿に囲まれ、萬古急須でゆっくりとお茶をたしなまれるというお姿に敬服しました。

内田　秦さんは、本当に煎茶が好きだったのだと思います。煎茶の杯に見立てられる急須がなかなか見つからなかったけれど、萬古急須がぴったりだったと聞いたことがあります。

山本　それにしても、まさかこの年齢になって40年以上も昔のことを内田先生と対話をするなんて夢にも思っていませんでした。今日は当時を思い出し、おかげさまで愉しい時間を過ごせました。

内田　こちらこそ、ありがとうございました。

秦秀雄先生の思い出

森光宗男（「珈琲美美」店主）

「美味しいもの満つ」とは、北大路魯山人『春夏秋冬料理王国』に記された言葉だが、その本を読めと貸してくれたのは、私が5年間珈琲を学んだ、東京は吉祥寺の「もか咖啡店」のマスター標交紀《しめぎゆきとし》師であった。「魯山人！　こんな人がいたとは！」。夢中で魯山人のことを勉強した。そうするうちに魯山人が主宰した「星岡茶寮」のマネージャーであった秦秀雄先生を訪ねることができたのである。珈琲を学ぶ若造（当時26歳）が魯山人を研究しているのに興味をもたれたのか、気に入っていただいたのか、度々、世田谷のお住まいを訪ねることができた。

初めてお訪ねしたときのことは忘れられない。玄関の戸を開けると、左手に栗板の小箪笥があり、竹籠に赤い藪椿が涼しげに一輪。上がると2階が先生の心地よい居間になっていた。奥の小部屋は床の間がしつらえてあって、「芭蕉」の消息の軸が掛けてあった。程よい広さの座卓が置かれ、上には萬古の急須と古伊万里の白い煎茶碗がのっている。岡山の黒椿という羊羹を頂き、おもむろに急須に湯を注ぎその湯で茶碗を温め、黒く鈍く光る京都開化堂の茶筒から、郷里福井の「塩善茶舗」から取り寄せるという白折を急須に入れ、粗熱をとった湯を口からあふれそうになるまで注ぎ、ツゥと引くのを待って茶碗に注いでいた。甘く余韻のある風味であった。古美術を見せていただき、ちょうど取材の撮影から戻ってきたという萬古の急須を頂いた。

薫陶を受けても貧乏書生に何がお返しできるものか、そういえばひとつだけある。「星岡茶寮」で毎月発行した星岡という冊子があり、秦先生は初期の頃の号に編集者として多くを寄稿していた。その合本を再版することになり、私が収集した冊子をもとにそれが出版されたのである。

私は修行を終え郷里の福岡に帰ることが決まると、秦先生は屋号の名前をすぐにつけてくださり、一米を超える一枚の栗の舟板を用意され、原寸大の和紙に「珈琲　美美」と揮毫《きごう》された。

もりみつ・むねお
1947年福岡県久留米市生まれ。77年に福岡市でネル・ドリップの自家焙煎珈琲店「珈琲美美」を開店。モカ・コーヒーをテーマに独自の視点で珈琲の真実を探るとともに、道具や空間における美をも追究する珈琲職人。著書に『モカに始まり』（手の間文庫）がある。

◉萬古焼のキーパーソン

萬古焼のデザインに影響を与えた、日根野作三

日本の陶磁器デザイナーの第一人者として全国の産地でデザイン指導を行い、戦後日本の陶磁器デザインの道すじをつけたデザイナー、日根野作三。そんな彼の仕事やデザイン帖などから、萬古焼への影響を見ていく。

日根野作三と楽茶碗

日根野作三は戦後、楽焼をつくり始めるにあたり「茶碗とは何ぞや」ということを、京都の国立陶磁器試験所にて学び勉強したという。そこで「茶碗とは茶を立てる凹みをもち、片手で操作できる格調の高き器である」[*2]との結論に達し、それ以後数千碗以上、自由に制作した。

日根野作三　紫と青釉茶碗　ø130×h95mm
紫と青釉を用いて、形と文様が融合したモダンなデザインの茶碗。「軽快なものも［…］茶の一時を過すべき器として意味がある[*2]」と日根野は書いている

日根野作三　黄釉茶碗　ø116 × h105mm
ベージュの素地に流れる黄釉が美しい茶碗

日根野作三　飴釉胴紐茶碗　ø110 × h110mm
初期の作品。この釉薬について日根野は「この飴の釉調まことに美しく、再び再現不能と思われる[*2]」と書き記している

日根野作三　素白茶碗　ø140 × h90mm
白い釉薬を掛けた、やわらかな色合いの茶碗。白化粧をした楽焼が少ない理由として「白楽の白化粧は大変に難しく、なかなか素地にあわない[*2]」とのこと

日根野作三　白楽雲華茶碗　ø135 × h95mm
本阿弥光悦作の国宝、白楽茶碗《銘　不二山》を思わせる茶碗

日根野作三　青釉白点抜銘々皿　ø135 × h20mm
ロウ抜きを行うなど、さまざまなテクニックを用いたという
銘々皿

日根野作三　鉄絵斑紋ぐいのみ　ø70 × h50mm

日根野作三　紫釉ぐいのみ　ø70 × h60mm
ぐいのみについて、「盃（さかずき）というより、小形の茶碗といった方がよい[*2]」と日根野

日根野作三　楽ぐいのみ　ø55 ~ 65 × h58mm

日根野作三　飴釉ぐいのみ　ø60 × h60mm

日根野作三　オランダ色絵ぐいのみ　ø60 × h60mm

日根野作三　オランダ色絵ぐいのみ　ø65 × h50mm

日根野作三　緑釉香合　ø70 × h32mm

日根野作三　楽湯のみ　ø80 × h80mm

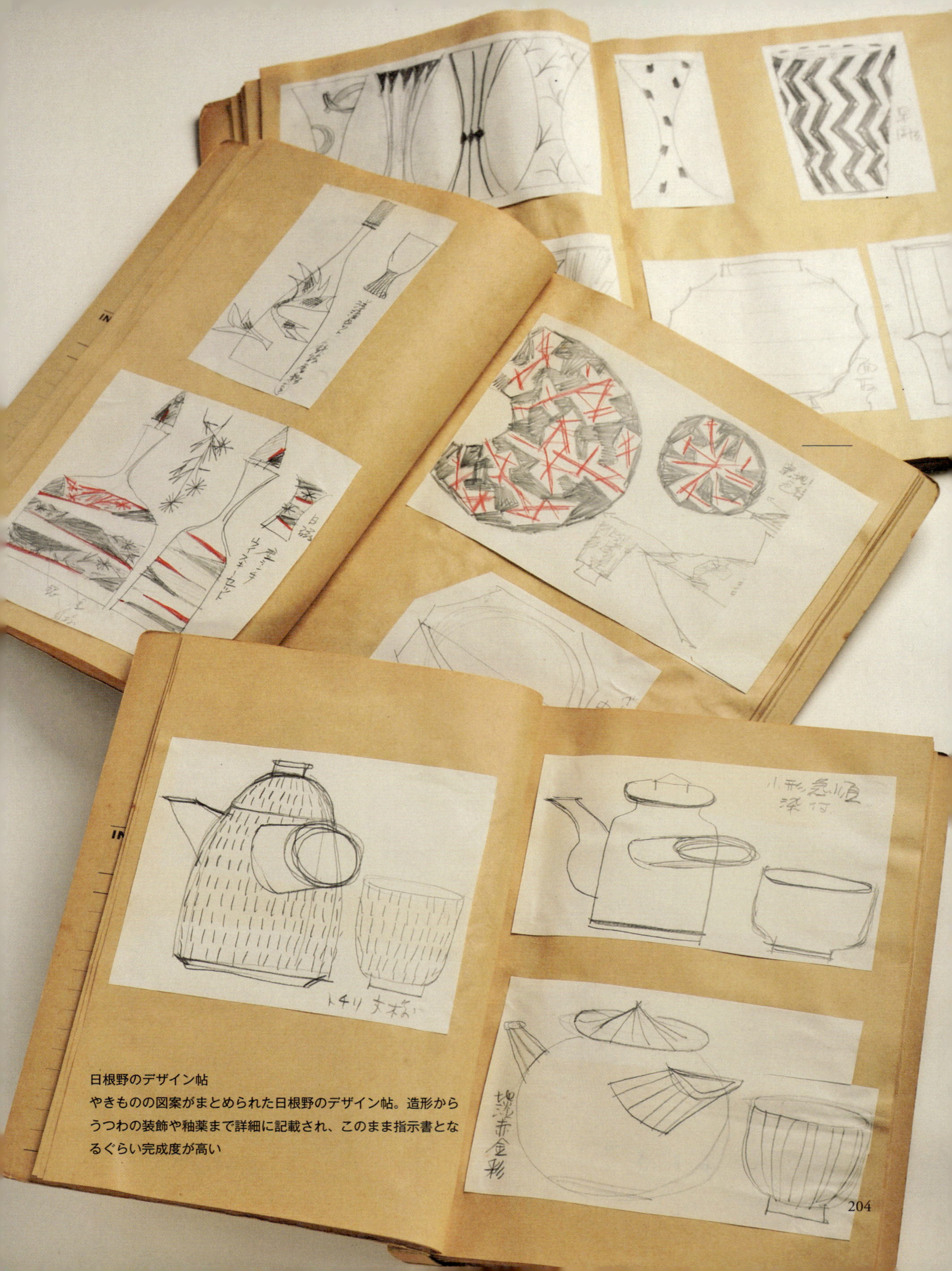

日根野のデザイン帖
やきものの図案がまとめられた日根野のデザイン帖。造形からうつわの装飾や釉薬まで詳細に記載され、このまま指示書となるぐらい完成度が高い

日本初の陶磁器デザイナー

日根野作三は、戦後、陶磁器デザイナーという職業がまだ珍しかった時代にその先駆者として活躍し、やきものの発展に尽力した。民藝運動の立役者であり、人間国宝となった濱田庄司が「戦後日本の陶磁器デザインの80％は日根野氏がつくられた」と語るほど、その影響力は計り知れない。

日根野は、1907年に三重県伊賀市に生まれ、東京高等工芸学校（現・千葉大学）を27年に卒業すると、陶磁器デザイナーとして瀬戸の山茶窯で働き始める。そこで、釉薬の研究者である小森忍から知識を学びながら経験を重ね、研鑽を積んでいく。日々描いた図案のスケッチから、形を生み出していくというデザイン手法を取り、1日で数案提出するようにという小森の依頼にも答えた。そこで日根野は、土、釉薬、焼成方法などのやきものの知識を用いながら、表面上ではない、素材や技術を生かすデザインを提案していった。そしてその後、山茶窯が閉じると京都の国立陶磁器試験所を経て、デザイン指導を行うための全国行脚を始める。

1947年に日本陶磁器振興会が設立されると、全国の産地の陶磁器デザインを活性化するため、指導者を選び派遣した。そこに、日根野も含まれていた。ほかには、小山富士夫、荒川豊蔵、石黒宗麿などが選ばれ、日根野は、京都、滋賀、三重、常滑、名古屋、美濃、多治見、土岐を担当した。陶磁器デザイナーとしての経験から、デザイン指導が上手く「まずイメージありき」「自ら持って創意工夫せよ」「つくるなら美人をつくれ」など、豪快な話口で、時には厳しく、多くの若い作家やデザイナーを育てていった。また、やきものに関わる、粘土屋、

日根野の車中スケッチ帖より

窯屋、職人などともよく話をし、指導したという。

日根野が目指したのは、その産地にふさわしい生産方法から生まれるデザインだった。それは、「焼物のデザインは機能の外に材質、工程、焼成などに就いての知識と経験がないと、成立しない難しいものであるが、それだけ奥が深く、逆に云えば面白い仕事である[*1]」と自身でも語っているように、やきものについて熟知していなければできないものだ。そして、やきものは流行ではなく現代の生活様式を代表するものだとし、生活様式が変化しつつあった戦後の日本の暮らしに調和するデザインとは何かを考え続けた。

1969年には、当時の陶磁器クラフトを日根野の目で選び、アーカイブした書籍[*1]を出版し、掲載の陶磁器の焼成温度や釉薬、上代などを記載するなど、次世代に繋がる働きを行った。その書籍の中で日根野は、今のやきもののデザインに対して「昔のやきものに比べて今のやきものは、形、文様、共に単調で夢がない。クラフトはもっとロマンチシズムを持つべきものである」「クラフトは強く個性を出して特異性のあるものを作らなくてはならない」と語っている。それは生活道具が、一般市民の暮らしの基幹をなす重要なものであるという、強い思いがあったからだった。また茶陶についても「今の茶陶はすべて桃山時代の茶陶の亜流であって何の創意も創作もなく桃山期の模作にすぎず、芸術とはいえません[*2]」と厳しく批判している。

生涯デザイナーとして生き、人々の暮らしのなかの美として陶磁器を愛し、日本におけるやきもののデザインの道すじをつけた日根野。その仕事は、その後の陶磁器デザイナーや作家の指針となり、今も影響を与え続けている。

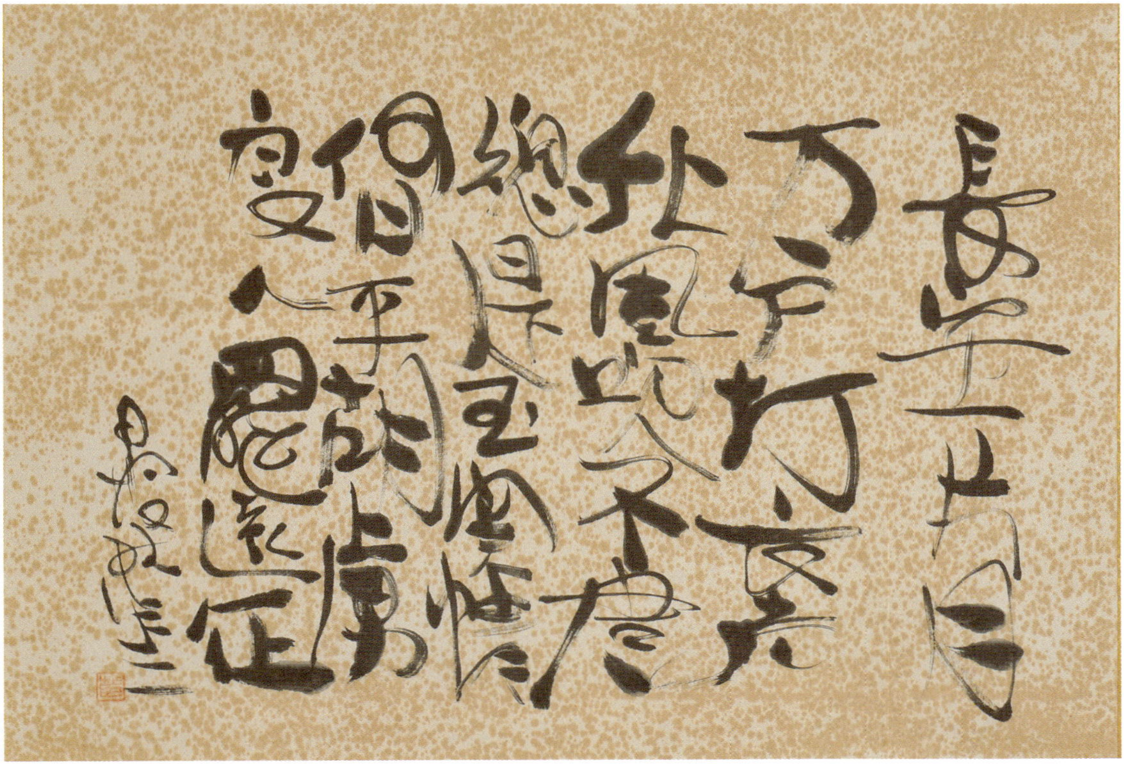

上――日根野が書いた掛け軸。「長安一片月／万戸衣を打つの声／秋風吹いて尽きず／総て是玉関の情／何れの日か胡虜を平らげ／良人遠征を罷めん」
下２点――日根野が描いた墨絵。筆を使って書や絵を描いた

＊1　日根野作三『20cy後半の日本陶磁器クラフトデザインの記録』（光村推古書院、1969年）より
＊2　日根野作三『「楽」伍拾碗』（土羊会、1975年）より

日根野作三（ひねの・さくぞう）
1907年三重県伊賀市に生まれ、84年没。27年東京高等工芸学校（現在の千葉大学）工芸図案科付属工芸彫刻部を卒業後、陶磁器デザイナーとして瀬戸の山茶窯、京都の国立陶磁器試験所に勤務。戦後は独立し、京都、信楽、四日市、瀬戸、美濃、常滑など多くの産地でデザイン指導を行い、新しい生活様式に合ったクラフトデザインの指導にあたった。

陶磁器デザイナー、日根野作三との思い出

稲垣太津男、稲垣竜一（三位陶苑 天水窯）×内田鋼一

四日市を始め、瀬戸、美濃、常滑、信楽、京都などの陶磁器産業界を訪ね、デザイン指導を行った陶磁器デザイナーの日根野作三。20代の頃からその薫陶を受けてきた、三位陶苑 天水窯の稲垣太津男と息子の竜一に日根野との思い出を聞いた。

日根野作三との出会い

内田鋼一（以下、**内田**） 稲垣さんは、陶磁器デザイナーの日根野作三さんと若い頃から親交があったそうですが、稲垣さんのお宅にもよく見えていましたか？

稲垣太津男（以下、**稲垣**） 日根野先生は、今内田さんが座っているあたりにお座りになって、当時先生に薫陶を受けていた陶器デザイナーの森正[*1]さんや古畑千三[*2]さんなどの仲間とよく酒を酌み交わしていました。「先生、何か描いてよ」と頼まれると、いい気分でゆらゆらしながら絵を描いておられた。酒が好きな方だったので、晩年は呑みすぎて失敗も多かったようですけれど。

稲垣竜一（以下、**竜一**） 当時、僕は6歳くらいでした。はっきり覚えているのは、晩年、先生の故郷、伊賀上野（三重県伊賀市）にある「長仙山房」という山小屋を訪ねたときのことです。庭の池にししおどし[*3]があって、囲炉裏端で焼いた野菜や肉を食べた記憶があります。先生がうちに見えるときは、しょっちゅう酒を呑んでいたので、子どもながらに「また来とるわ」という感覚でした。

内田 うちの子どもたちも、きっとそう思っているだろうね（笑）。稲垣さんが日根野さんと初めて出会ったのはいつでしょうか？

稲垣 僕が22歳頃、常滑の学校を卒業して亀岡製陶所[*4]にいたときです。亀岡製陶所に工芸部をつくることになり、日根野先生に相談して小谷陶磁器研究所[*5]の加藤嘉明[*6]さんを紹介していただき、ふたりで工芸部を始めました。そして、その後1964年に、京都で日根野先生に師事していた陶芸家の河島浩三[*7]先生と造形作家の山田光[*8]先生の協力を得て「三位陶苑」という会社を立ち上げました。三位は、三人が力を合わせてという意味です。四日市に来たのは、昭和39（1964）年の9月、東京オリンピックが開催される1か月前でした。

＊1　森正
1940年三重県四日市市生まれ。陶芸家。瀬栄陶器の四日市工場デザイン室に在籍し日根野作三に指事した。

＊2　古畑千三
瀬栄陶器の四日市工場デザイン室に在籍した陶器デザイナー。

＊3　ししおどし
竹筒に溜まった水の重みで筒が反転する際、石を打って音を立てるようにした仕掛け。もとは獣を威嚇する道具であったが、やがて風流を愛でる日本庭園などで用いられるようになった。

＊4　亀岡製陶所
1959年、愛知県常滑市で創業された窯元。輸入用の植木鉢を中心に、食器や花器、雑貨、焼酎サーバー、急須、土瓶、マグカップなどを焼く。

内田　故郷の常滑に戻ろうとは思わなかったのですか？

稲垣　実家はやきもの屋じゃなかったし、三男坊だからどこでも良かったんです。

内田　僕も次男で長男じゃないのに、自分がまさか四日市に残るとは思わなかったです。日根野さんのご実家は、何をされていたのでしょう。

稲垣　医者の家系で、お父様は医者だったようです。先生ご自身は、官立専門学校の東京高等工藝学校・工芸図案科付属工芸彫刻部（現・千葉大学工学部）を卒業され、京都の国立陶磁器試験所に勤務されました。

内田　日根野さんは、北海道で晩年を過ごした小森忍*9さんとも親交があったのですよね。

稲垣　そうです。私が近鉄の画廊で展覧会をしていると、四日市に嫁いだ小森さんの娘さんが、陶歴に日根野作三と書いてあったからと立ち寄られたことがありました。

デザイン画を持って全国を行脚

稲垣　日根野先生が、国立陶磁器試験所を辞めてフリーのデザイナーになったのが40歳前後。そこから四日市以外にも、京都、信楽、多治見、美濃、常滑など全国の陶磁器産地を行脚されました。四日市には、毎月2日に見えると決まっていて。瀬栄陶器*10の四日市工場など、規模の大きいメーカー5～6軒に教えに来て、デザインのほかに装飾、形、成形まで指導していただきました。

内田　指導方法はどんな感じでしたか？

稲垣　日根野先生が、各々の窯にデザイン画を3枚くらい持って来て、来月にそれができているかどうかを確認するというやり方でした。40代の頃の日根野先生はかなり厳しかったので、提出期限が近づくと、皆、寝ないでやっていました。出来が良くないものは、翌朝、先生に壊されていたらしいです。

内田　メーカーや個人工房が、日根野さんのデザインを買うわけですね。行政を介してではなく、直接やりとりをしていたのですか？

稲垣　そうです。先生は、メーカーなどに1枚千円くらいでデザイン画を渡して、それで生計を立てておられたと思います。必ずそのメーカーや工房の特性や技術を生かしたデザインをしてくださいました。例えば、瀬栄陶器の窯は温度の低い窯だから、低火度を生かすためにカラフルで派手なデザインにするなど。

内田　形状や釉薬まで、こと細かく指示されるのですね。

稲垣　筆描きやロウ抜き*11、焼成方法まで指示がありました し、できたものについても「ここは、こうしたほうがいい」と具体的にアドバイスをいただきました。

内田　やきもの全般に相当くわしくないと、そこまでの指示は出せないですよね。指定書が残っていたら、現物と照らし合わせてみたいものです。

稲垣　指定書はないのですが、先生の原画（P204）をお見せしましょう。この資料は瀬栄陶器のデザイナー古畑さんから、あちらこちらに散らばらないようにと預けていただいたものです。

内田　こうして1か所にあると安心です。稲垣さんから見て、日根野さんはどんな方でしたか？

稲垣　私たちの時代は、そんなに厳しいことはなかったです。うちは、先生が商売を済ませてから遊びに来るところだったから気楽な存在でした。瀬栄陶器と窯業試験場をまわった後でうちに寄られていました。

内田　四日市に来たら、稲垣さんの家で酒を呑むのを楽

＊5　小谷陶磁器研究所
初代安藤知山（1909～59）が理想のやきものを求め、私財を投じて土岐市下石町小谷に設立した民間の研究所。

＊6　加藤嘉明
1934年愛知県瀬戸市生まれ。陶芸家。

＊7　河島浩三
1926年兵庫生まれ。京都の清水焼で知られる陶芸家、伝統工芸士。日根野作三に師事した。

＊8　山田光
1923年東京生まれ、2014年没。造形作家。1946年に八木一夫らと「走泥社」を結成し、オブジェなどの造形作品を発表。陶芸界に大きな影響を与えた。

＊9　小森忍
1889年大阪生まれ、1962年没。釉薬研究のパイオニア。晩年は北海道江別市に「北斗窯」を築窯。

＊10　瀬栄陶器
1896年、名古屋にて瀬栄合資会社として創業。1900年より輸出陶磁器の取り扱いを始めた。守山と瀬戸に工場を設立後、一貫製造体制をつくり、東南アジアや中国などへの輸出ルートを築いた。四日市工場では日根野がデザイン指導を行った。

＊11　ロウ抜き
溶かしたロウで図案や紋様を描き、釉掛け、焼成を行うと、ロウの部分だけ彩釉をはじいて装飾となる技法。

しみにされていたんですね。ただ窯業試験場に当時の活動記録が何も残っていないのは、残念です。当時、日根野さんの活動に興味を持っていた人はいなかったのでしょうか。

稲垣　少なかったでしょうね。

内田　とても惜しいことです。

日記がわりのデザイン帖

稲垣　これは、日根野先生のデザイン帖を、私が写させていただいたものです（P210）。

内田　それにしても、すごい数ですね。

稲垣　先生の誕生日が元旦だったので、毎年1月3日は誕生会をするために、加藤嘉明さんとお宅に伺うのが恒例でした。そのときにデザイン帖を2冊ずつお借りして、加藤さんとふたりで一年間かけて模写して、翌年に返却していました。私が写しただけでも8冊、全部で60冊以上あったと思います。

内田　それは、今どこにあるのですか？

稲垣　日根野先生の息子さんが、美濃市に寄付しました。ものによっては、デザイン画に窯の名前が入っているものもあります。弟子には写真を撮るのではなく、自分の手で描いて真似しなさいと言っていました。美濃にいた頃は、寒いのでろくろをやる気がしなくて一日5枚、毎日のようにデッサンを描いたものです。土筆に下駄、草履、マッチ棒に鯉のぼり。題材は日常の身近なものがほとんどで、何もないときはその辺の石ころを拾って描いていました。デッサンは、一本の線で描く、遠近感も一本の線で出すと教えてもらいました。

竜一　この絵は、京阪電車で前に座っている人を描いたものです（P206）。日根野先生は、暇さえあればスケッチしていたんですね。

稲垣　私たちにも「テレビをぼんやり見ていたらあかん、テレビ見ながらスケッチするんや」と言われていました。でも私が毎日描いたのは、美濃にいた1年半だけ。京都では呑みに誘われるようになって、だんだん描けなくなりました。

内田　日根野さんは、どんな出来事や事柄もすべてデザインに繋げるということを実践されていたと思います。視覚的な装飾に走らず、そのときの勢いを大切にしていた。

竜一　（デザイン帖をめくりながら）このデザイン帖がすごいと思うのは、日々思ったことや、身に沁みる言葉がいっぱい綴ってあること。

内田　確かに、「我々にとって最も必要なものは、やはりdesignである。つとめよ、つとめよ」など、添えてある一言が面白いですね。「今の茶碗は面白くない、桃山一辺倒の写しだから、それより今の茶椀があっていい」と辛辣なことも書いている。時代性や瞬間の掴み方がずば抜けていたのでしょうね。ほかにも「陶器屋は焼きもののなかでしか考えないことを反省すべきである」。これも的を得ています。「元来、手工芸技法は手で作るもののすべてのもの、たとえば鮨、菓子、織り、染めと共通の面がかなり多い」という言葉も興味深い。菓子はわかるとして、鮨はどんな共通項があるのでしょう。ろくろ引きみたいに、いつまでも触っていたら良いものはできないということでしょうか。デザイン帖には、釉薬の調合まで記録されていますね。

　日根野先生に師事した方で、稲垣さんのようにデッサンを描いていた人は多かったのですか？

稲垣太津男によるデザイン帖。陶磁器のデザイン画が整然とレイアウトしてある

稲垣　少なかったです。
内田　きっと僕も、やれと言われてもやっていないだろうな……。
竜一　もし小さい頃に日根野先生のデザイン帖を見せられて、「お前も描け」と言われていたら描いたかもしれないけれど、最近までデザイン帖の存在すら知らなかったから。
内田　デザイン帖を見ると、四六時中、やきもののことを考えていたことがわかります。生活のすべてがやきもののデザインに直結していたのですね。

玄人はだしの茶碗づくり

内田　実際に、東海エリアにはこういう日根野さんのデザインが系譜としてはあったわけだけれど、僕らが継いでいないから今は途切れています。それに日根野さんたちと今の人とでは、デザインに対する意識が大きく違うと思うんです。ものをよく見るとか、ものへの興味の持ち方とか。
竜一　確かに、それは言えますね。
稲垣　とにかく、日根野先生はいつもデザインのことを考えていました。戦後、先生は四日市、常滑、京都、伊賀に指導にまわり、後に人間国宝になった荒川豊蔵[*12]さんが美濃をまわったらしいですが、作家活動に専念するため途中で辞めた後は、先生が指導した時期もあったようです。
内田　日根野さんは、この時代のやきもののキーパーソンですよね。当時、一緒に活動していた仲間は、人間国宝の作家や学者になっていい思いをしているのに、日根野さんはデザイン画を売って生計を立てていたわけだから、ある意味、町の絵描きと変わらないし、流しの歌手のようでもある。そういう生き様も含めて、工芸界にとって陰のフィクサーとも言える重要な存在だと思います。
稲垣　権威や名誉欲はまったくない方でした。名古屋の意匠センターで行われたデザインコンペの審査員は、名誉職だから金銭に関わらず皆さんやりたがるものですよね。でも先生は、審査謝礼の中身をその場でパッと確認して「頭脳労働だよ」と言い放ったとか。
内田　現代なら、作家よりデザイナーのほうが稼げるでしょうけれど、当時は違いましたよね。日根野さんは、茶碗づくりも達者です。おそらくものすごい数をつくられたと思います。日根野さんの茶碗の展覧会は、1回限りだったのですか？
稲垣　個展は、60歳を過ぎてから2回ほどありました。戦後は仕事がなかったし、デザインがお金になる時代ではなかったので、茶碗は趣味でつくっていたらしいです。
内田　日根野さんの場合、ダメな品は生地の段階でわかるから、土に戻すと書いてあるのを何かで読んだことがあります。僕らはなんでも焼いてしまいますけれど（笑）。日根野さんの作品を見ていると、デザインも土の扱いも本当に上手いと思います。ひとつの作品のなかに、考え抜かれたやきものの意匠や技術が入っているんですね。

デザイナーであり続けるために
一匹狼で生きる

稲垣　先生が68歳の頃、伊賀上野のお寺さんで生前葬をしたのをご存知ですか？　関係者123名が出席してね。

＊12　荒川豊蔵
1894年岐阜生まれ、1985年没。国の重要無形文化財保持者（人間国宝）に認定された、美濃焼の陶芸家。古志野の再現を目指して作陶した。

日根野作三の著作3冊。『陶磁器の装飾技法』（日本陶磁器意匠センター、1969年）、『20cy後半の日本陶磁器クラフトデザインの記録』（光村推古書院、1969年）、『「楽」五拾碗』（土羊会、1975年）

内田　えっ、初めて聞きました。

稲垣　本の出版費用にあてるために。「君、いくら持ってこい」とか、うちは小さいから2万でいいとか、規模に応じて指定されていました。

内田　ヤクザの上納金みたいですね（笑）。

稲垣　酒を呑んで酔っぱらっていた先生にお金を渡したら、お前は少ないぞと（笑）。出席者は、その本を1冊ずついただきました。77歳でお亡くなりになったときは、正式な葬式もあったけれど、それは先生ノータッチですから（笑）。

内田　でも気が利いている。普通は出版記念パーティーを開いて資金を集めるのに、生前葬で集めるわけだから。本当の意味で慕われていないと、誰も来てくれないですよ。

稲垣　先生はあまりお金を持っていなかったから、そうでもしないと出版できなかったんです。

内田　日根野さんは古いものをよく見て、自分の生き様や感覚を踏まえて昇華したものづくりをされています。やはりデザイナーは先端を走ってないと意味がないし、日頃からアンテナを張っていたのだと思います。今は、産地を巡り指導してまわるというデザイナーも少ない。日根野さんのように、何がなんでもその人に教えを乞いたい、という影響力のある人物もいない。何より自分が作家になるのではなく、デザインやきものを教えるというスタンスの人も皆無。なぜ日根野さんは、そういう方向性を選んだのでしょう？　当時、美濃にも京都にも先生と呼ばれるような陶芸家はいっぱいいたのに。

稲垣　その多くは、日根野先生の友人や知人でした。

内田　作家で名を馳せる、もしくは権威のある学者。普通はそのポジションを狙うはずなのに、なぜ日根野さんはなんの肩書もなく、生涯フリーのデザイナーを選んだのか。それが不思議です。

稲垣　先生がなぜ、一生デザイナーを貫いたのか。はっきりとしたことは最後まで聞けませんでしたが、自分でも何か感じるところはあったと思います。先生が60歳になられたとき、これまでのように産地を巡って指導するのを辞めようかと随分と悩み、窯元に自分が必要かどうか聞いてまわられたそうです。先生は、生涯デザイナーにこだわっていました。作家になろうという考えは一切なかったと思います。個人作家にもよく「1匹狼で行け。いろんな会に所属せず、ひとりでやれ」と言われていました。

内田　そういうことを今、言ってくれる人がいないですよね。うちに弟子入り志願に来る若い子は、僕の経歴を見て、あくせく修行するよりそっちのほうが良さそうと思うみたい。短絡的ですよね、下積みがない。僕もデザイン帖を描き始めるの、今からでも遅くないかもしれない（笑）。

竜一　自分も20年前からやっていれば、今頃（笑）。

内田　日根野さんは、何歳まで四日市へ？

稲垣　70歳になった頃までです。その7年後に亡くなりました。長いこと京都に近い病院に入院していて、「長仙山房」に帰ってみえたときはお見舞いに行きました。言葉ははっきり通じない状態でしたが、やきものを手で触ると、一瞬で元気になられました。

内田　好きなことをすると、元気になると言いますよね。

稲垣　デザインはもちろん、食べることも大好きで、料理の盛りつけ方もうるさかったですし、「君、これ安物のブランデーだよ」とたしなめられたことも。明治屋でブルーチーズを買ってきて、お酒と一緒につまむのがお

稲垣太津男　花器　w300 × h350 × d180mm

好きでした。服装には無関心で、奥さん任せ。海外のデザインでも良くないと、コテンパンにけなすところもあったし、海外事情にはくわしかったですが、自ら行きたいという願望は薄いほうだったようです。傑作なのは、先生が陸軍に入ってすぐ将校になったらしいのですが、戦争が大嫌いな人だったので、まったくやる気のない軍人さんだったという話。

内田　そういうところも親近感がわきます。今日は、戦後の萬古焼のデザインの重要な役割を担った日根野作三さんの人となりから、稲垣さんたちへと続くデザイン系譜の話が聞けて、とても有意義な時間が過ごせました。いつか四日市で日根野さんの展覧会を開きたいですね。

三位陶苑 天水窯（さんみとうえん・てんずがま）
1983年、三重県四日市市にて創業。稲垣太津男（写真右）は、1935年愛知県常滑市生まれ。20代から日根野作三に師事。64年河島浩三、山田光と京都で「三位陶苑」を立ち上げた後、四日市にて作陶。長男の稲垣竜一は、1967年三重県四日市生まれ。

日根野先生の茶盌考に習う

伊藤慶二（陶芸家）

先生は戦後、楽焼を始められ、「茶盌とは何ぞや」ということを定義づけられた。「茶盌とは茶を立てる適当な凹をもち、片手で操作出来る芸術的に格調の高き抽象彫刻であると結論に達した」と。その結果を1975年に50盌を自薦され、日根野作三「楽 伍拾碗」として個展で発表された。そこで、茶盌私観として、「今の茶陶は桃山時代の亜流であって何の創意も創作もなく、桃山期の模作にすぎない」「芸術とは自由自在な個性的なものであってどの様な形式もない」と批判されておられる。

過去に茶盌について定義づけた陶芸家は居たであろうか。何故茶盌を「つくる」か、思考的根拠が必要である。唯姿を写すのみであれば、それは創るのではなく模倣にすぎないという日根野先生の茶盌に対する考えは、良き道標になるのではないか。

つくり手が茶盌そのものの「かたち」を通して何を表現しようとするのかが重要であって、釉薬が良いとか、土味がうんぬんだけでは鑑賞に耐えきれない。「かたち」から感受されるイメージが大切である。それが芸術性ある作品の格調を高めるのではないかと思う。造形の核なるものを知ることは、他の美術と同様に、造形の基礎であるデッサンを勉強しなくてはいけない。これから陶芸を志す人には特に必要である。基本的な美的感覚を養っておけば、他の美術との関係をも知る要素になる。
以前、先生から「用」を否定し、うつわの「かたち」の美しさのみを現す課題が出され、制作したことがある。例えば、土瓶は胴・蓋・口・手等があって形成されているが、それをいかに造形的に構成するかが制作内容であった。それは大変面白く、勉強になったのを思い出した。

いとう・けいじ
1935年岐阜県土岐市生まれ。20代半ばより日根野作三に師事し、現代工芸クラフトや、やきものに対する姿勢の根幹を学ぶ。日本のみならず、世界各地のギャラリー・美術館にて、精神性を感じさせる造形作品をはじめ、うつわ、茶道具など独自の感覚で制作、発表し続ける。

萬古焼の系譜

萬古焼きの精神を受け継ぐ
松岡製陶所のストーンウエア

鮮やかな色彩と光沢感が美しいストーンウエアは、1970年代に萬古の地で生まれた。北欧のテーブルウエアとして広く普及しているストーンウエアを、遠く離れた日本で、松岡製陶所はどのように技術を高め、世界的な評価を受けたのだろうか。

スレート（メーシーズ、アメリカ）
ø210 ~ 310mm

スイーツパレットブラウン（日本）
皿ø230-320mm
テラ・ブラウン（ダンスク、アメリカ）
マグカップø80 ～ 95 × 85 ～ 100mm

スイーツパレットシリーズ（日本）
ø145 ~ 290mm
国内のホテルやレストラン向けにつくられたシリーズ

リンデンシリーズ
（クレート＆バレル、アメリカ）　大皿ø390mm、
ポットø160 × h180mm、マグø80 × h95mm

インク瓶　ø95 × h205mm
登り窯で焼成した、松岡製陶所初期の作

世界一のストーンウエアを目指して

ストーンウエアは炻器《せっき》と呼ばれ、陶器と磁器の中間的な性質を持つ。高温で焼き締めることから硬質で水分が浸透しにくく、キズもつきにくい。そんなストーンウエアに惹かれ、1972年から製造を始めたのは、松岡製陶所の初代・松岡正祐だ。それまで松岡は、急須や土瓶など萬古焼の製造販売を行っていたが、輸出の高まりもあり、ストーンウエアのディナーセットの製造販売へと転向した。

　そんななか、デンマークに視察を行った際に、現地で日常使いの鮮やかな食器を目にする。そこで帰国後、皿やボウル、ティーカップなど、日用食器にも取り組み始める。日本のメーカーらしいオリジナルの色を生み出すため、釉薬はすべて自社でつくり、うつわの裏表で色や質感を変える技術を開発。ストーンウエアは重いものだという固定概念を覆し、磁器のような薄く軽いものを完成させるなど、長い年月を掛けて幾度の失敗を重ね、試行錯誤しながら技術開発を継続させることで、独自性を高めていく。そしていつしか、国内外のどんなメーカーでも真似できない高い技術を身につけ、その技術力は世界中に発信されていった。その探究心は新しいものに常に挑戦してきた萬古焼の歴史を思い起こさせる。松岡製陶所のストーンウエアはガラスのような光沢と独自の色味、洗練されたデザインで、今も高い評価を得ている。

ストーゴシリーズ（デンマーク）
ポットø150×h160mm、ポット置きø155×h95mm、
カップø65×h70mm、ソーサーø130mm

ストーンウエアのパイオニアになるまで

松岡正剛、岩井博右（松岡製陶所）×内田鋼一

シンプルながら芸術性や機能性に富むスカンジナビア・デザインと、日本古来の色彩感覚を生かした普段づかいのストーンウエア。「世界の松岡」と賞賛された松岡製陶所が68年の幕を下ろす今、ものづくりについて、萬古焼について、率直に語り合った。

「松岡スタイル」のものづくり

内田鋼一（以下　**内田**）　松岡製陶所の創業は、いつですか？

松岡正剛（以下　**松岡**）　昭和22（1977）年です。薪を300丁入れた登り窯[*1]で花瓶、徳利、茶器セットなどを焼いていました。

岩井博右（以下　**岩井**）　窯焼をする際に、薪を集めるのが大変だったと聞いています。滋賀県などの山を走り回って集めたとか。

内田　四日市付近は、薪が手に入りにくいところですからね。北の萬古屋、南の萬古屋と言われた昭和30年代、窯屋は何軒ぐらいありましたか？

松岡　貿易がものすごく盛んで、全社の最盛期で4～5千人が働いていたようです。駅から従業員が数珠つなぎに歩いていたといいます。

岩井　1ドル360円の時代、海外の競争相手もいなくて日本の独占でした。値段を叩かれることもないから、儲かってしょうがなかったと思います。

松岡　四日市の隆盛が続いたのは、昭和30～80年代後半までだと思います。当時、国内では洋食器は売れませんでしたが、貿易が爆発的に伸びていました。東濃（美濃東部）や瀬戸のメーカーなど、大手のディナーメーカーと差別化をはかるために、うちでは難易度の高い塗り分けを行い、アメリカを皮切りにヨーロッパ諸国と取引を始めました。手本にしたのは、素朴で質の高い北欧のアラビア社[*2]や、デンマークのデシレ社[*3]などのストーンウエアです。内側と外側で異なる釉薬をかけ、焼成するやり方は、当時「松岡スタイル」と呼ばれ、注目を浴びました。

内田　日本初の技術だったんですよね。

松岡　はい、真似しようと試みたメーカーもあったよう

＊1　登り窯
傾斜面に数個の焼成室を連結して築いた窯。一度で大量に焼けるため、量産に向く。各部屋にやきものを入れて薪をくべ、約2～3昼夜かけて焼成する。釉薬の変化などによる窯変が魅力。

＊2　アラビア社（ARABIA）
1873年、フィンランド・ヘルシンキ創業の陶器ブランド。高いデザイン性と芸術性と実用性を兼ね備えたキッチンウエア、テーブルウエアは世界のコレクターに愛されている。

＊3　デシレ社（DESIREE）
1964年、デンマーク創業の陶磁器メーカー。2004年に廃業。鉄錆でハンドペイントしたディナーセットなど、温かみのあるデザインが特徴。

ですが、ことごとく失敗していました。

ほかに参考にしたのは、スウェーデンのロールストランド[*4]、デンマークのストーゴ[*5]、スコットランドのダヌーン[*6]。イギリスではもう一社、1809年創業の老舗デンビー[*7]があり、釉薬も美しい上に塗り分けをやっていました。デンビーは、表裏両面、刷毛塗りの手法でしていますが、うちの場合、裏はすべてマット仕上げ。世界でも類を見ないと思います。

「世界の松岡」のストーンウエア

内田　松岡さんのストーンウエアの特徴とは、どんなところでしょう。

松岡　皿の内側と外側の塗り分け技術と、ストーンウエアに合った釉薬の技術と焼成です。塗り分けに関しては、成形した生地がまだ生の状態で、内側に釉薬をスプレー吹き付けをして素焼きを行った後、外側に釉薬を掛けるという手順を踏みますが、そのための専用ラインを新設しました。また、北欧のストーンウエアは特に重かったので、うちは薄くて軽い成形を目指しました。

岩井　他メーカーは縁を薄くしていましたが、うちでは縁は厚くてもいいから肩などの肉をとって、見た目より、実際に持つと軽いというものをつくったんです。

松岡　縁を薄くしすぎると生地がひずんだり、冷却の際に割れたりといった問題が起きます。皿の裏面は、熱膨張率が低いジルコン系[*8]やマット、表面は融点が低くて熱膨張が高い飴釉（鉄分を含んだ釉薬）を使っていて。膨張率の差が激しいので、200度そこらの低温でも500枚入れた皿が全滅に近いくらい割れるんですよ。バンバンバンバン、恐ろしいくらい（笑）。ですから裏面のマット感を残しつつ、熱膨張を上げるためにはどうすればいいのか、独自の釉薬を試行錯誤して、見た目もよくて割れないものをつくっていきました。

内田　釉薬の調合も自前なんですね。

岩井　自社なら、何種類か一度につくって試し焼きすることもできますから。

松岡　釉薬は、長石、石灰、珪石がひとつの骨格でできていますが、どんな場合でも一定のレベルで溶けるように、さまざまな原材料を調合しました。貿易は発注量が多いので、媒溶剤[*9]は最低でも5種類使い、多くの原料を使うことによって大事故にならずに済むように心がけました。その中でも長石はスーパーマンの原料だと思いますが、頼りすぎると全滅の恐れもありますので。

内田　長石も、ものによって違いますからね。

松岡　釉薬屋でもそうした研究はしていませんし。こちらは素早い対応を迫られるので。4月に商談を決めて8月には船積みしなければ商売が成り立たない。それを毎年ですから、自社の技術革新がどうしても必要になってきます。

色付けと焼成方法

内田　松岡さんのもうひとつ素晴しいところは、色付けの技術です。顔料[*10]ではなく、金属酸化物で量産品の色をつける製陶所は、世界でも希有だと思います。

松岡　昨今は、圧倒的に顔料で済ませているところが多いですが、うちは基本、酸化金属系[*11]で色を出しています。

内田　釉薬をつくり、そこに顔料で色を足していくこともありますか？

松岡　顔料を足すことは少しならありますけど、ほぼ酸

＊4　ロールストランド（RORSTRAND）
1726年、スウェーデン王朝御用達として創業した歴史のある陶磁器メーカー。由緒ある「ノーベル賞」授賞式後の晩餐会でも使用されている。

＊5　ストーゴ（STOGO）
1970年代に人気を博したデンマーク生まれのストーンウエアメーカー。

＊6　ダヌーン（DUNOON）
1974年、イギリスのスタッフォードシャーで創業したマグカップ・テーブルウエア専門ブランド。ボーンチャイナやストーンウエア製の遊び心あふれるマグカップに定評がある。

＊7　デンビー（Dendy）
1809年、イギリスのダービシャー州で創業した陶磁器ブランド。地元の粘土を使った、丈夫で機能的なストーンウエア製品で知られる。

＊8　ジルコン
骨灰や酸化チタンなどと並ぶ釉薬の乳濁剤のひとつ。ジルコニウムを主要元素に持つ天然のケイ酸塩鉱物で風化変質に強い。

＊9　媒溶剤
素地や釉薬中に加え、熔けやすくするための物質。素地では長石、釉では石灰やタルクなどがそれにあたる。

＊10　顔料
素地や釉薬に混ぜて着色するための鉱物質の固体粉末。

化金属系です。

内田　酸化焼成なのか、還元焼成[*12]なのかで雰囲気も違ってきますしね。

松岡　まったくの酸化焼成では焼けません。ある程度、中性炎[*13]で焼かないとこの色は出ない。

岩井　うちはもともと還元ばかりで色も限定されていましたが、さまざまな色を求めて酸化に取り組み始めたのは、30年前くらいからです。

松岡　1800年代中頃のデンマーク、スウェーデン、フィンランドなどのやきものは、還元ばかりです。ここ20年ほど酸化も出てきていますが、老舗のアラビア社にしてもペンキのような単調な色が多い。昔のほうが良かったですけれどね。

岩井　2年間かけて新しい色を開発したこともあります。全米に120店舗ある会社のバイヤーから、漆器のような色釉が欲しいと注文がありました。漆器の色といっても普通の飴釉では気にいらない、微妙な紫を出したいということで頭を抱えました。そのバイヤーさんはちょっと変わっていて、ほかではつくれないような難しい釉薬を要求してくるんです。メタリックのような色を出して欲しいと言われても、高温で焼くから出ないんですね。

松岡　色なんてすべて人間の目の錯覚で、いろんな光の乱反射でどうとでもとれる色になりますからね。

内田　顔料じゃ、出ませんしね。

松岡　出ないです。でもだからこそ酸化金属系しかない。2年間かけて生み出した色を、我々は紫檀色と呼んでいましたが、結局、「マホガニー」というネーミングに決まりました。

岩井　ほかにも色付けに関しては、磁器土に転写をしただけだと勘違いしている方がとても多い。

内田　確かに一般的な萬古焼のメーカーは、貿易でよくあった簡単な転写の絵入りだと思っているよね。業界の人たちですらわかっていません。見本をつくるまでも大変だけど、まとまった数量を均一化させて焼くのは、さらに大変です。

松岡　注文ロットが万単位ですから、ひと窯500枚として、商品に採用できるのは450枚くらい。新商品をつくる最初の窯は、どうしても不良率が高くなります。5～10℃焼き過ぎるだけで、冷却時に冷割れを起こします。ですから中国や韓国、日本の大手のような40～50メートルもある巨大なトンネル窯[*14]で、5時間弱で焼き上げようとしたって無理です。我々のような小さなメーカーの単窯[*15]で20時間も23時間もかけて焼くからこそ、こういう繊細な色づかいができる。やきものは焼いて完成じゃない、焼成後の冷却過程がポイントなんです。それをたったの5時間で同じものを焼かれたら大変なこと。

内田　似て非なるものですね。その上、納期がある。

岩井　はい、燃料費を何百万円つぎ込んででも成功させて納品する。それで初めて次の注文をもらえるわけです。ほかの窯に教えても、彼らはリスクを避けるため試験窯で焼くでしょう。試験窯と本窯ではまったく別物なんですけどね。

松岡　こちらは燃料が高くついても、ふんだんに使います。燃料代の問題じゃないでしょう、商品ですから。まあ、だから廃業に追い込まれたわけですが（笑）。

内田　失敗する勇気がいりますよね。

岩井　失敗しなきゃ、前に進めません。だからたまたま最初から上手くいったら大変。途中で異変が起こったときにどうすればいいか、打つ手がない。マンガンや鉄など、焼成時に釉薬と素地の間にできたガスが抜けきらず

＊11　酸化金属
釉薬に添加する着色剤。鉄、銅、クロム、マンガン、コバルトなど自然界にある遷移金属の酸化物。

＊12　酸化焼成・還元焼成
やきものの焼成方法。酸化焼成は、窯内に酸素を大量に送りながら完全燃焼した炎（酸化炎）で焼く。還元焼成は、外気が入らないように密閉し、焼成物から酸素を奪う不完全燃焼の炎（還元炎）で焼く。織部を例にとると酸化では緑色、還元では赤色になる。

＊13　中性炎焼成
酸化炎と還元炎の中間的なもの。酸素も一酸化炭素も含んでいない火炎で焼成すること。

＊14　トンネル窯
20世紀初め、欧米で生まれたトンネル状の窯。入口から台車に積んだやきものを入れると、予熱、焼成、冷却帯を順次行い、反対側の出口から出てくる。燃焼ガスの排熱を利用した焚き方。熱利用、焼成速度、経済性において大量生産工場に向く。

＊15　単窯
連房式の登り窯に対して、単房の焼成窯のことを指す。自然燃焼式で焼きムラが少ないガス窯は、白磁や青磁、染付などの磁器に適している。酸化焼成に適した電気窯は、温度管理しやすい。

＊16　ナルミ
1946年創業。名古屋に本社を置く洋食器メーカー、鳴海製陶のブランド。磁器、ボーンチャイナなどを製造。透光性に優れた乳白色の磁器を日本で初めて開発した。

に気泡が破裂するような原料も多く使っていますから。

内田　僕らの仕事だと、多少変化があってバラつきが出ても、逆にそのほうがいいと言われます。味があるって（笑）。

世界の高級ブランドを相手に

松岡　アメリカの主な専門店とは、すべて取引しました。ターゲットは20代後半のハイミスから若いミセス。バイヤーが来るので売り込みにいかなくてもよかったんです。1980年〜90年代初めまで日本は大事なメーカーでしたから。アメリカのバイヤーが展示会で見て、「あ、松岡だ！」と目を輝かせていた。腕利きのバイヤーは私たちを理解してくれましたけど、今のバイヤーは知識がない人も多いのが現状です。

内田　展示会は、毎年行かれていたのですか？

岩井　一時期、社長がアメリカ、私はフランクフルトへ行っていました。世界のバイヤーが集まる展示会で、中国や東南アジアなどの技術がどこまで向上しているかを見てきましたが、最後までうちと同レベルには達しなかった。

松岡　あるテーブルトップショーでは、アメリカのお客がうちで試作して、まだ商談もできていない品物を中国や東南アジア、韓国陶磁器のメーカーにつくらせようとしたんです。でもそう簡単にできるものではない。やっぱり松岡じゃなきゃダメというので、注文が戻ってきていました。

岩井　1990年代から、うちは業務用食器メーカー*16に出すようになりました。普段、ナルミやノリタケなどプレーンな器を使っているホテルやレストランの料理人は、こういう色づかいが新鮮だったようです。貿易だと1回の取引は、何万単位。4立方メートルの窯で3本、4本と焚くわけです。多いときで月120本も焚いたこともあります。

内田　ザ・コンランショップ*17の商品をつくり始めたのは、いつ頃ですか？

松岡　まだ東京に1店舗だけだった1995年頃です。ロンドンやパリのコンランと直接取引をしていたので、当初、四日市からパリ経由という変な経路で東京に納品していました。だから価格もポット1個1500円が7000円に（笑）。先日、工場を整理していたらコンランの皿が出てきて、懐かしかったです。

内田　客は、海外の食器だと思って買っていただろうけど、実は四日市で焼かれていたとは驚くでしょうね。

岩井　高級ブランドアルマーニの家庭用品もやりました。最初は、貿易に比べると50〜100個と数が少ないのでお断りしたこともありましたが、最終的には受けて、ミラノコレクションでも紹介されました。

内田　海外の貿易を行うなかで、ほかにどんな問題がありましたか？

松岡　ヨーロッパの人々は妥協を許しませんので、うつわにつくナイフマークには大いに悩まされました。

岩井　表面の傷が拭いてもとれないと言われて、ディッシュウォッシャーの洗剤が良くないんじゃないかとか、こちらも必死で食い下がりました。マット地は、一見つるっとして見えても面は凸凹ですから。

松岡　納期についても、実にシビア。1日ほど納期に間に合わなくなったときは、船ではなく飛行機に積まされました。300万の荷物を200万かけて送る。高いなんてものじゃない（笑）。

*17　ザ・コンランショップ
1973年創業。テレンス・コンランが世界中から厳選した上質で洗練された家具やインテリアグッズを扱うホームショップ。

1990年代のザ・コンランショップのポスター

岩井　それとサンフラシスコのキッチン用品専門店に、織部の皿を1万枚、金額にして500～600万円近く納めるようにしていたのですが、チラシのための写真撮影の際に、見本の皿に酸が強いマリネを入れたところ、そこだけ色が抜けてしまったらしいんです。名古屋港を出たあと、もういらないと突き返されたので、米国到着後に投棄してもらいました。人に言えないような失敗はたくさんありますよ。

核家族化に伴う時代の変化

内田　海外でコストを抑えてつくろうという発想はなかったのですか？

松岡　1900年代後半に、亡くなった会長がベトナムに視察に行きましたが、共産党国家でビジネスの勝手も違いすぎるので断念しました。

岩井　東南アジアのタイ、アメリカなどへ技術を持っていくことも考えましたが、莫大な投資額ですし、本社も人が足りなかったので思い留まりました。

松岡　それに在庫を抱える商売は激減していましたから。今でも日本からアメリカに出すのは難しいと思います。うちのストーンウエアは、世界一高いディナー皿と言われていましたので。

内田　一般に厚みもあって丈夫というのがストーンウエアの主流だったわけですが、松岡さんのものづくりを見ていても時代とともに変わってきて、当然、販路も変化しているわけですよね。今は高級なレストランでもハイクラスなボーンチャイナ*18などを全部揃えるという時代じゃない。そういう意味では、ストーンウエア全盛期の時代とは大きく変わってきています。業務用でなく一般家庭における食器について考えたときに、うつわの文化が根づいている日本のように、欧米の人たちがうつわを見るというスタイルはどこまで受け入れられるのでしょうか。

松岡　今、日常にハレの場が少ないんですよ。

内田　核家族化が進むにつれ、うつわの求められ方も変わってきています。ロット数が大きい商売は、小さな企業にとっては厳しい。それに今はインターネットを使って、個人でも気軽に海外のものを買うことができますし。

岩井　アメリカでも、ここ15年くらいは家族ではなく個人がターゲットです。食器も1ドル99セントのものか、うちの10倍もする高級食器かと二極化して、購買層の形態も随分と変わってきました。

内田　だけどバイヤーや売り手が、松岡の技術を理解していれば、また違った展開になったかもしれないですよね。やはりものづくりと同時に、関わる人間も育成しなければいけないということですね。僕らのような個人作家は個人の発信力で、産地はその土地に根づく産業全体で発信していかないと、埋没してしまうのではないでしょうか。

松岡　結局、うちも貿易主体でやってきたので、時代の流れに対応していけなかったということです。消費者の好みも多岐にわたる今、大量に同じものをつくって売る時代はすでに過去のものになってしまいました。

内田　こういう世界的なものづくりをするメーカーが四日市にあった。それが、なくなっていくのは残念です。松岡さんのような貿易主体のメーカーは、小回りが利くものづくりにシフトし、値段を上げればいいと思います。少数精鋭のものづくりの需要はあるのに、本当にもったいないです。

＊18　ボーンチャイナ
18世紀頃、イギリスで発明された乳白色の磁器。牛の骨灰に陶土を混ぜたため、ボーン（骨）を冠した。日本では「ノリタケ」が初めて製造した。

1970年代後半のデンマークの陶器メーカー、ストーゴ社のカタログ。これらの食器と同じデザインのものも松岡製陶所でつくっていた

萬古不易の精神を継承するストーンウエア

内田　今回僕は、萬古焼をアーカイブするミュージアムを計画しているのですが、松岡さんは萬古焼に対してどういうイメージを持っていますか?

松岡　ストーンウエアのディナーセットは、土鍋と急須が主流の萬古焼とは材質も違いますし、萬古焼とは称せないと思います。

岩井　そもそも萬古焼の定義がよくわからないのですが……。

内田　四日市地区、萬古の地でつくられているやきものですよね。伝統的工芸品もあれば、それ以外もある。萬古焼は昔から、京都や中国の文化とか趣味をバクバク食べて消化して、試行錯誤しながら研究開発し、自分たちがいいと思うものをつくってきました。歴史を振り返ると、ほかの産地にないような工夫があって面白いものが多いんです。そんな、この地域の歴史を踏まえて継承しつつ、新たな空気を発信したいと思っているんです。

松岡　不易流行ですね。基本を踏襲することは大事ですが、新しいものをつくって磨いていく、それも大事なことです。

内田　それが可能な地だと思うんですよ。特に北欧のストーンウエアを取り入れた松岡さんの仕事は、洒落ていて、デザイン的にも魅力があり、ほかにはない高い技術もある。これこそが、僕がこれから伝えていきたい萬古焼の新しい姿なんです。そんな萬古焼の世界観や可能性を紹介して、四日市全体で次へ繋げていくための、これは最後のチャンスだと思っています。

松岡　すごいミッションですね。私たちは、工場の後始

松岡製陶所（まつおかせいとうじょ）
1948年、三重県三重郡にて創業した世界有数の陶磁器メーカー。1972年より初代の松岡正祐がストーンウエアの製造を開始。自社独自の釉薬と単窯の焼成方法で世界の評価を得た「松岡スタイル」を確立したが、2014年に閉窯。二代目の松岡正剛（写真中央）は、1958年三重郡菰野町生まれ。松岡製陶所代表役員。岩井博右（写真右）は、1948年岐阜県揖斐川町生まれ。松岡製陶所専務取締役。

末を終えましたら、引き継いでくれる四日市の次世代のメーカーに後を託します。

内田　松岡さんの仕事を引き継いでやってくれる窯が、四日市で見つかって本当に良かったです。

松岡　この地で70年近くにわたって仕事をやってきましたし、やはり大手メーカーに吸収されるのはしのびない。いみじくも四日市市発のストーンウエアメーカーとして世界で勝負してきたわけですから。今までうちのストーンウエアは萬古焼じゃないと思ってきましたけど、名前じゃなくてその土地でつくったという側面で捉えると、萬古とも呼べるかもしれないですね。結局、私たちもこの技術を四日市市以外に持っていかれたくないという気持ちもありますので。

内田「世界の松岡」と呼ばれた技術ですからね。その技術は、世界でも群を抜いていたと思います。

松岡　確かにうちは「日本の松岡のストーンウエア」という自負がありました。ただ時代が変わってきた今、私たちがこの商品や技術を残そうとする上では、むしろこういう土地で生まれた「萬古不易」というブランドの中に松岡のストーンウエアも位置していた、そういう訴え方は大事かもしれません。

内田　松岡さんのつくったものが残っている限りは、萬古のこの地でやっていたということが大きな財産だと思います。それが四日市で引き継がれて残されていくわけだから、こういう素晴らしい先達がいたことを伝えていけたらと思います。生き様としても格好がいいですよね。

松岡　僕も今後、松岡を閉じた後、どうしていくのか。萬古の地でものづくりに携わった人間として、考えていけたらと思います。

松岡製陶所　鉄錆コランダー（ミカサ、アメリカ）
230ø × 110mm

ARCHIVE

PART4

アーカイブの意味

内田鋼一が、明治～昭和時代の萬古焼を集めたミュージアムを開設するにあたり、アーカイブする意味について皆川明と対談を行い、考えを深めていく。

みながわ・あきら
1967年東京生まれ。95年「ミナ（minä）」設立。2003年「ミナ ペルホネン（minä perhonen）」に改名。06年「毎日ファッション大賞」（毎日新聞社主催）大賞受賞。生地のほとんどは国内の産地と連携して開発したもので、刺繍・織り・プリントなどの技術力の高さには定評がある。想像や社会への眼差しからテキスタイルをデザインし、流行に左右されない服づくりを行う。

アーカイブすることで見えてくるもの

皆川明（ファッションデザイナー）×内田鋼一

自らのデザインをアーカイブし、
産業全体を俯瞰しながら未来へと繋がるものづくりを行う、
ミナ ペルホネンのデザイナー皆川明に話を聞き、
日本の産業の現状や問題点を挙げながら、アーカイブする意味とは何かを考えていく。

産業の生態系を意識すること

内田鋼一（以下、**内田**）　僕が萬古焼のデザインミュージアムをつくろうと思ったのは、アーカイブするということが、今とても重要だと思っているからなんです。萬古焼は明治から戦後ぐらいの間、産業として生まれてきたものにすごく面白いものがたくさんある。でも現在、当時のやきものやその技術はまったく評価されずに目も向けられていない。骨董だと多くの人が勉強したりするけれど、やきもの業界にいても、この時代のことをみんな全然知らないんです。でも実は、そこにやきものの可能性があるんじゃないのかなって思っていて。だからデザインという視点から優れているものをアーカイブして、そこにもう一度光をあてたいなと思っているんです。

今後、大量生産・大量消費の時代はもう来ないと思うので、つくって終わりにするんじゃなくて、技術も素材も検証し直すことが、やきもの業界も必要だと思います。だから以前、皆川さんから自分の仕事をアーカイブしていくという話を聞いたときに、異業種なんだけれどすごく共感して、大切なことだなと思っていました。

皆川明（以下、**皆川**）　僕らは、あるシーズンで発表した柄をそのシーズンだけで終わりにするのではなく、同じ刺繍の柄にベースの生地を変えたり、色を変えたりして質感を大きく変えながら、デザインのソフトは継続的に使っていくということをしています。「ひとつの柄を運用すること」がデザインをする、デザインを保つ上ではとても大事だと思っているんです。柄のデザインと、変わっていくクオリティ品質の2つの時間軸があって、新しい素材ができたら、前のプリントや刺繍をのせて新しいものを生み出すなど、時間軸を何本か持ちながら発表していくほうが、自分たちがデザインする意味や、その継続していく時間にもすごく意味が出てきます。

それと、工場がひとつの素材をすごく時間をかけて開発しても、デザイナーが今シーズンだけのものと限定してしまうと、もう2度とその開発が生かせないという問題もあります。その年にお客様から評価されないから終わりにするのではなく、つくり続けて発表していくうちに、だんだんお客様にその良さが浸透して、あるときから定番のような存在になったりもするのです。だから、育てるということをする上でも続けていくことが大事なんです。

そして一番重要なのは、大量生産を違う視点で考えることだと思っています。一度にたくさんつくるのではなくて、ずっとつくり続けることで、結果、大量生産にしていくという考え方です。長期で考えれば、ブラッシュアップもしていけるし、ひとつの技術開発に対する時間もしっかり掛けられる。それを自分はすごく大事にしたい。だからデザインは、アーカイブされていなければいけないんです。デザインを常に同じ状態ではなく、違う素材を組み合わせたりしながら、ずっと継続的に使っていきたいと思っています。

内田　それは覚悟がないとできないことですね。自分たちが強い思いを持っていないと続けられない。お客様がいいって思ってくれるから、需要と供給のバランスがとれる。それが一気に大量のロットで動いていくと、つくり手の思いも埋もれていって、打ち上げ花火みたいに広がったけど、しぼむのも早いんですよね。

皆川　ひとつのものづくりを時間を掛けながら大量にしようとすると、いっぺんには難しい。やはり長期に渡ってやる。そうすれば一個一個にちゃんと時間を掛けられて、結果的に、きちんとつくっているから需要に繋がってきます。

内田　デザインというのは、素材に寄り添っていないといけないですよね。素材から生まれてくるデザインもあるだろうし、その素材だからこそのデザインもある。

皆川　そう、本当にそう思います。そのものの性質と表面にくる表現というのはセットで考えなくてはいけないですね。

内田　最近のやきもの見ていると、デザインに対する憧れが先に立っていて、「ああいうかっこいいものをつくりたい」と言って、土の性質や焼き方を吟味せずに無理矢理、表面的・視覚的にデザインを持ってきている。僕なんかが見ると素材と全然合っていない、って思うことが結構あります。

皆川　僕らはどの糸を選び、どのぐらいの繊維の長さで撚るかといった原料から考えないと、最終的にどの柄をのせるかということに繋がらないですね。ようやくそのバランスがだんだん微細なところまで見えてきたところなんですけれど。それをやり続けないといけないなと思っています。

また、特にファッションは、デザインの寿命について考えなきゃいけないと思っています。半年も持たないで半額になっているものも多いですから。本当にデザインの寿命はその位なのか、という疑問が最初からありました。関わっている人たちもそれで本当に満足なのかな、と。

内田　やきものも個展となるとやっぱり新作が求められます。前回のものがよくなかったから、なくなっていくんじゃなくて。

皆川　ファッションの新作だって、気持ちがこもっているものばかりかというとそうではなくて。早く安く、いかに貨幣価値をとるかということも多く、結果、貨幣価値にもならないものになってしまう。デザインの寿命について考えるのは本当に重要だなと思います。
　やきものとファッションが大きく違うのは、ファッションのデザインの価値が、そんなにものの値段に反映されていないことでしょうか。多くのアパレルでは大概、計算式で売値を決めていて、原価にデザインというのはほとんど含まない。材料ばかりに目がいき、材料の質や工場の工賃を落とせば、利益が増えるというような単純計算が横行している。デザインで価値をつくっていくという意識も、だんだんなくなっていると感じます。

内田　そういうブランディングもしないしね。結局ブランディングって、より多くの利益を得るためにはしているけれど、素材やプロセスのブラッシュアップはしていない。

皆川　結局、自分たちが少量を続けて大量にしていくためには、工場へのケアが必要になってきます。産業の生態系について意識しながら、年間この工場にどういう仕事を出していけば、ずっと続けられるのかを考えなくてはいけない。それは経済的なことだけじゃなくて、後継者に技術を伝えていくことも含めて。自分たちのつくりたいものをつくりたいだけ発注するというより、この工場には年間このぐらいの仕事が必要だから、そのためのデザインをしっかり考える。そして、その前提として、お客様が着たい服でなくては意味がない。
　つまり、着たい衣服をつくり、その工場に必要な生産量もつくるということ。それがデザインの役割かなと思うんですよね。つくる人と使う人の間に立って両方を達成したいんです。

内田　消耗品ではないってことですよね。デザインも意匠も人目に触れていると、消耗品のように扱われたりするけれど、もちろん定番というものもあるわけだし。消耗品ではない、ちゃんとした形で残すっていう意思があれば色あせはしないですよね。

皆川　そうだと思います。受け取る側の意識がそうはならない。

過去を検証し生かしていく

内田　僕は制作をひとりでやっているから、基本的に注文を受けないんです。だけど前につくったものについて「あれはもうつくらないんですか?」と聞かれるときがある。そんなときは「好きだからまたやりたいと思ったときに、いつかつくるよ」って答えるんです。ひとりでやれる量というのが限られているし、言われてつくるのが嫌なので。注文でつくったものって、自分がつくりたいと思ってつくったものと一緒なはずなのに、どこか違うんですよ。
　あと僕はいろいろやっているように見えるけれど、実はつくっているアイテムはすごく限られているんです。アイテム数が極端に少ないのに、いろんなものをつくっているように見える。それは、形や釉薬・焼き方が同じでも、素材が変わっていたりするので、まったく別のものに見えるのだと思います。ほぼ組み合わせの変化だけなのですが、点でみるとバラバラだけれど線で見るとちゃんとした仕事になっています。

皆川　結局根っこは一緒で、枝葉がどんどん広がっていくので、違うタイミングで違う発見から生まれているものを組み合わせたら、それは意図せずもう新しいものになるわけで。それを組み合わせるということは自分の意志によるから偶然ではなく、線で繋がっていくんですね。

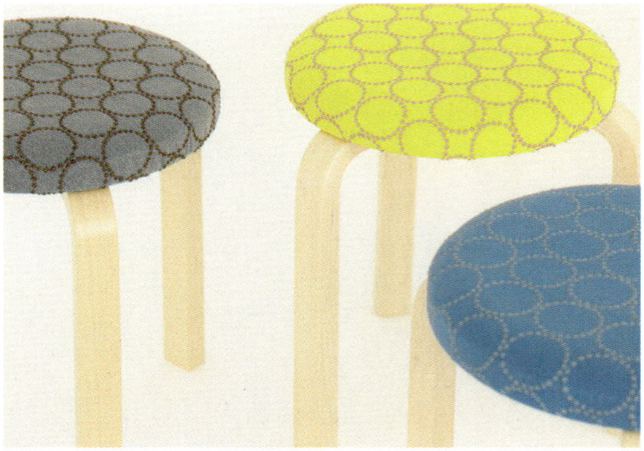

それがアーカイブの意味なのかなって思います。そういう意味では、技術的にもアイデアとしてもつくり続けていくと、シナプスが繋がるような相乗効果が生まれてきます。だから1回ごとにパツパツ切っていくというのはデザイナーの仕事を無駄にしているなあと思うんですよね。

また、僕らも内田さんと一緒で、「これをつくってください」って人に頼まれることはない。建築家とは違って、勝手につくって、いいと思ったら買ってもらう。その自由さがあるんだから、自分たちのやりたいことをもっと追求できると思うのですが……。

内田　根っこがないと、目先のことだけを追ってしまいます。もちろん、今を敏感に感じる皮膚感覚というのは持っていなければいけないと思うけれど、今だからこそっていう信念を持った仕事って、目先のことを追っているとできないじゃないですか？　安かろう悪かろうじゃ、もう成り立たないわけだからね。やきものも自然の素材があってこそのものだから、限りがある。それを使い捨てで、次から次へっていうのは違う。「売れない」って言うのなら、本当にいいものを試行錯誤しながらつくり値段をちょっと高くして、使う材料はその1／10でいいじゃないのかって。そうしたら入ってくる利益も変わらないし、材料も減らないんだから。

皆川　まったく同感です。一般的なアパレルで言うと、1メーターの生地をできるだけ値引いてつくらせて、工場で型紙引いてカットした余りは、疑問に思わずに捨てる。捨てる量はだいたい全体の2割ぐらい。例えば、1000円で生地をつくらせて1割負けさせていながら自分たちは2割捨て、工場は1割の利益も失うし、発注した側も2割捨てている。その両方の3割で何か別のプロダクトをつくれば、値引きすることなく生産が当然できますよね。歩留まり[*1]が高いから、工場の利益も確保されて、その材料から新しいプロダクトが、材料よりも価値をもって世の中に出て行く。僕らは今まで残布と呼んでいたものをピース（かけら）と呼んで、パッチワークによるプロダクトをつくっています。パッチワークだから、いろんな年代のものがミックスされていても、そのことに意味がある。

内田　違う価値観が生まれますしね。そういう意識でやっている人って少ないのですか？

皆川　少ないと思います。それはファッション業界が服の完成ばかりに目がいって、そのプロセスにはなかなか目がいかないから。そのものがいくらで売れればいい、そこにいくら利益が含まれていればいいという単体で見ていて、捨ててしまうものについては無関心。その捨てている分を含めていくら原材料がかかっているかで計算するので、ロスしている分とか一緒にやっている工場の利益には目がいかず、最終製品しか見ていないことも多いと思うのです。

内田　なるほど。やきものには中間業者の産地問屋がいて、以前はメーカーさんに「こういうものをつくって欲しい」と依頼や話し合いをしたり、都会の流行の情報を持ってきたりしていたのが、最近は「なんか売れるものない？」って聞くらしいです。おかしいですよね。職人さんが聞くならまだわかるけれど、問屋は売る側の人間なのに。注文も皿5枚とか少量で入るらしくて。そんな5枚のために大きい窯焼けないからと、当初は断っていたみたいなのですが、今は仕事がないから注文数が少なくても焼くって言うんですよ。だからその5枚のために、注文を受けていないものも一緒に焼かなければいけない。

右から、minä perhonen 2001-02AW「tambourine」コート、「tambourine」スツール（アルテック社製「スツール60」の布張り）、「tambourine」うつわ。同じ柄を違う素材に転用したデザイン

＊1　歩留まり
製造における使用原料に対する製品の生産量（不良品を取り除いて出荷できる量）の割合を言う。

そうすると不良在庫が出てくる。やきものってさっきも言ったように、溶けてなくなったり腐ったりしないから、いつまでも倉庫に残る。それは良くないですよね？ 問屋もメーカーも両方が懐事情を見られたくないっていうのがあるみたいで、その探り合いだけで、不必要なものが生まれていたりするんです。頼む側が自分の判断をしっかり持っていないと、頼まれる側は不安だと思います。

皆川 結果的に、メーカーがなくなって困るのは頼む側なのにね。

内田 そうなんです。みんなそれを言っているんだけれど。発注先と発注元との関係性も含めて、話し合いだったり提案が全然ないみたいなので、それをすればもっと有意義なものができるんじゃないのかなって。高い技術を持っている職人たちだって、たくさんいるんだから。

皆川 でも、ものを最終的に売るお店が仮に商品を買い取らずに委託販売[＊12]となり、中間業者もみんな最終責任を負わなかったら、結局責任は、つくっている最初の人に行っちゃいますよね。

内田 それでもう会社を閉めてしまったりする。それってすごくもったいないことですよね。だから今回アーカイブすることで、昔の型を元に違う焼き方で新たにつくったり、木型を使う技術や畳づくりのような技術を見直してみたりすることで、問題を突破できるような新しいアイデアに繋げていけたらと思っているんです。昔の耐熱の片手鍋の型とか、いい形のものが結構あるんですよ。

皆川 デッドストックもあるんだったら、そこに絵付けをさらに変えていけば、生かせるものもあるでしょうね。

内田 そうですね。

マイナスをプラスに変えていくために

皆川 アーカイブの意味は、骨董は事実についての評価だと思うけれど、こういう近代のものは、デザインの移り変わりの中で生活がどう変わったとか、何が必要だったか、何が足りなかったか、そういうことが見えてくることだと思うのです。この萬古焼のアーカイブを見ると、デザインは生活から生まれているってことがすごくわかりますね。

内田 時代性とかね。

皆川 そう。以前シルクの価格がすごく高くなった時期に、牛乳のタンパク質から糸をつくったときがありました。シルクと同じ特性を持っていて、すごく流通したときがあったのですが、シルクがまた値段が下がってくると、つくる意味を持たなくなって、今は日本でつくられなくなってしまった。でもシルクとは違う質感が確かに生まれていたんですよね。

内田 戦時中の代用陶器みたいですね。

皆川 代用陶器だって、元のものとは違う質感をちゃんと持っていますよね。

内田 生産性とか効率とか、いろんな原因で消え去っていったものもありますね。ただそれが逆転する場合ももちろんあって。代用品だった萬古焼の栓抜きや鎖などは、割れたり折れたりしやすいのでなくなってしまったけれど、土鍋ややかんみたいに、じわじわ熱をかけていくものであればなんの問題もないので残ってきているものもあります。

皆川 萬古焼を見ていると、すごく必要から生まれているものが多いなと感じますね。あとは、異文化を持ってきたり、道具もいろんな形に変えたり、すごく柔軟な思

＊12 委託販売
商品の販売を代行する問屋、小売業者などに期限を決めて自社の商品の販売を委託し、販売した分だけ代金を回収する販売方法。

考を持っているエリアだったんですね。それはスタイルが産地として確立されていないことゆえの自由さっていうか。この振り幅の大きさは面白い。
　ファッションの分野で、特化していない産地で言うと、群馬県の桐生市・足利市あたりでしょうか。もともと藍染めの産地だったんだけれど多様な技術を持っていて、いろんな産地のことができる。単体の産地だけだったらウールならウールと決まっているけれど、シルクもウールも綿も化学繊維もできるから、桐生ではいろんな原料がミックスされたものが得意です。

内田　四日市もそういうところがあります。大量につくられる質実剛健的なものは、近くの瀬戸や美濃や常滑でつくられますが、もっと小ロットで変わったものだったり、もっと安く出したいからなんとかできないかってものが萬古焼に来る。だから、最初はもどきから始まって、やっていくうちにオリジナルができてくる。松岡製陶所のストーンウエア（P216）もそう。今同じものを、美濃・瀬戸や九州の産地に持っていっても、技術がなくてできないらしいんですよ。それらの産地は精度のいい白い土でつくっていたので、精度が良くない土に合った温度や釉薬の合わせ方の技術を持ち合わせていない。負の遺産から生まれたんだけれど、特化することでオリジナルになったんです。

皆川　江戸前寿司みたいな感じですね。良くないものを創意工夫でカバーする。

内田　本当にそう思います。土が弱いから温度が上がらないけれど、温度が上がらないぶん、逆に鮮明な色が出せるので、鮮やかな色を使っていくという発想も同じですよね。

皆川　今日話を聞いていて、萬古焼と自分たちの仕事に共通点があるとしたら、負の要素をどうやってプラスに転じさせるか、ということですね。僕らで言うと、ファッションにはシーズンがあるので、工場には繁忙期と閑散期が当たり前のようにある。でもそれだと機械の稼働にムラがあるので、インテリアのような年間通して生産ができる生地を閑散期にはめることで、工場のハードの部分がずっとうまく動く。しかも服地をつくっている工場は器用なので、ほかのインテリアをつくっているところよりも多様性があって、今までにない違うものができてきます。そんな、マイナスな要素とそこが持っているプラスの面をミックスするというのは近いのかなと思います。

内田　確かにそうですね。萬古焼って本当に創意工夫から生まれたものが多くて。土が悪かったり他の大きな産地が近かったりして、負の要素が多かったからこそ、何かできることないだろうかって試行錯誤しながら続けてきた。その努力が、急須だったり土鍋の産地として、ほかの産地にはないものをつくってきた。なので、「なぜこういうものをつくる場所になったのか」という根本を産地の人たちがちゃんと理解していくことが今後大事になってくる。「捨てたもんじゃない」ってことがもっとあるんじゃないか。それをもう一度検証しないといけない。それは、ほかのやきものの産地も同じだと思います。

minä perhonen「piece bag」
テキスタイルの余り布（ピース）を使った、パッチワークによるバッグ

萬古焼ってすてき

大橋歩（イラストレーター、デザイナー）

60年近く前、私は萬古焼の町阿倉川のレンガの煙突を見ながら、電車に揺られ通学していました。その後東京に出てそのまま東京で長く暮していますが、時々用があって三重に行きます。いつの頃だったか気がついたら煙突がなくなっていました。萬古焼はどうなってしまったのか。

と、心配気にいうわりには、私が知っていた萬古焼は茶色の急須ぐらいでした。東京では街のお茶販売店の店先にほこりをかぶって並んでいました。そういうのを買って使っていたこともありました。安くても使い勝手がよかったのです。

その萬古焼の急須は注ぎ口を欠かせて処分したような覚えがあります。新しい萬古焼を買い直ししませんでした。若い人が作陶を仕事にし始めて、すてきな急須がいろいろ出てきて、そういうのを良いと思うようになっていましたから。

半年ぐらい前、内田鋼一さんとお会いしました。その時見せて頂いた内田さんの萬古焼の写真は、まったく想像外のキッチュで自由で脈絡のないスタイルのエネルギッシュな焼き物でした。でも中にはとても真面目そうなのもありましたが。「これほんとうに萬古焼ですか？　笑ってしまうぐらいに楽しいのもあるじゃないですか」感激。

やっぱり内田鋼一さんだからのコレクションです。内田さんが集めてくださって、それを見せてもらえる場所まで考えてくださって、三重県出身者としてとてもうれしいです。

おおはし・あゆみ
1940年三重県津市生まれ。2002年に企画・編集・取材を自身が担当する雑誌『Arne（アルネ）』を創刊、現在は『大人のおしゃれ』（年2回）を発行。村上春樹『村上ラヂオ』（マガジンハウス）の挿画・装丁画などを手がける。主な個展に09年「大橋歩展」、11年「特集展示 大橋歩—Fashion as Life/Life as Fashion—展」、14年「大橋歩の想像力」（すべて三重県立美術館）がある。

おわりに

「BANKO archive design museum」の公式書籍として、この本を制作するにあたり、たくさんの方々にご協力をいただきました。そして各方面の方に、貴重な資料を拝見しながら萬古焼に関する話をお聞きしたり対談をさせていただき、印象としてあった明治〜昭和時代の産業から生まれた萬古焼について、より深く理解することができました。

統制陶器のお貸し出しと対談もしていただいた、舟橋健さん。対談をお願いしました、小泉誠さん、各治の山本將子さん、山本哲也さん、三位陶苑 天水窯の稲垣太津男さん、稲垣竜一さん、松岡製陶所の松岡正剛さん、岩井博右さん、皆川明さん。エッセイの執筆とミュージアムのロゴを描いてくださった大橋歩さん。エッセイの執筆をお願いしました、森光宗男さん、伊藤慶二さん。本のデザインをしてくださった山口信博さん。編集ほか細かな作業をしてくださった、藤田容子さん。いくつかの対談をまとめていただいた、小坂章子さん。この本に関わるすべての方へ、心より感謝いたします。

これまであまり知られてこなかった、陶工たちの創意工夫から生まれた萬古焼。それらがこの書籍を通して、ものづくりをする若い人たちや、やきもの産地にかかわる人たち、さまざまな分野のクリエイターらの目に留まり、何かを感じてもらったり、創作のヒントとなるようなら、とてもうれしく思います。

また、2015年11月に三重県四日市市にオープンします「BANKO archive design museum」では、この本に収録したものとそれ以外のものも含め、毎年2回、企画展を開催予定でいます。そこでの展覧会で、現物を実際にご覧いただきたいと思います。お待ちしております。

2015年10月　内田鋼一

蚊遣り豚　昭和　φ150×h160mm
ろくろ引き。初期の蚊遣り豚は、より獣的な印象のものが多いが、時代を経ると次第に可愛らしい表情に変化する

創意工夫《そういくふう》から生《う》まれたオリジナリティ
知《し》られざる 萬古焼《ばんこやき》の世界《せかい》

2015年11月25日　発行　NDC790

著者　内田鋼一《うちだこういち》
発行者　小川雄一
発行所　株式会社 誠文堂新光社
〒113-0033　東京都文京区本郷3-3-11
（編集）電話03-5805-7285
（販売）電話03-5800-5780
http://www.seibundo-shinkosha.net/
印刷・製本　大日本印刷 株式会社

Staff
装丁・デザイン　山口信博、細田咲恵（山口デザイン事務所）
写真　伊藤千晴
編集　藤田容子
編集協力　小坂章子
協力　安藤雅信、GALLERYやいち、暮らしのうつわ花田、公益財団法人 岡田文化財団、小嶋千鶴子、長谷川竹次郎、服部清人、花井貴久司、パラミタミュージアム、古本銃吉、水谷満、村田直是、矢部龍治、山口幸代、四日市印刷工業

ISBN978-4-416-71597-0